LES CHÂTEAUX FABULEUX
DE LOUIS II DE BAVIÈRE

Élisabeth Reynaud

LES CHÂTEAUX FABULEUX DE LOUIS II DE BAVIÈRE

Éditions SW Télémaque

DU MÊME AUTEUR

Thérèse d'Avila (illustré par Marc Rénier), Mame, 1994
Thérèse d'Avila ou le divin plaisir, Fayard, 1997
Jean de la Croix, fou de Dieu, Grasset, 1999
Petit traité très incorrect sur la pensée, le sexe et Dieu, Éditions du Rocher, 2000
Le Chevalier de lumière, roman, Éditions du Rocher, 2001
Le Sang de l'Écriture, essai, Éditions du Rocher, 2002
La Valse des imposteurs, essai, Éditions du Rocher, 2003
Élisabeth de Hongrie, princesse des pauvres, Presses de la Renaissance, 2005
Madame Élisabeth, sœur de Louis XVI, Ramsay, 2007 (Prix Bel Ami 2007)
Meurtres au couvent, Ramsay, 2008
Chenonceau le château des plaisirs, Éditions Télémaque, 2009
Le Petit Trianon et Marie-Antoinette, Éditions Télémaque, 2010
Le Roman de Sissi, Éditions du Rocher, 2010
Louise de Lorraine, la reine blanche de Chenonceau, Ramsay, 2011

ADA ou le génie des femmes, revue semestrielle

Éditions Télémaque 7, rue Pérignon, 75015 Paris
www.editionstelemaque.com
ISBN : 978-2-7533-0136-8

À mon Lion

« Tous les hommes rêvent ce qu'ils sont bien que personne ne le sache. »
Calderón, *La vie est un songe*

« Nous ne pourrons bientôt plus visiter le cerveau des génies, puisque le nôtre sera débordé, passif, voire buggé. »
Frédéric Beigbeder,
Premier bilan après l'apocalypse

SOMMAIRE

1

UN BOUQUET DE LOUIS

Louis II de Bavière naît le même jour que son grand-père, le roi Louis Ier, né en 1786, filleul de Louis XVI, ce 25 août 1845, jour de la Saint-Louis.

Or Louis sera l'émule de ce grand-père, artiste et constructeur de palais, fou amoureux de la danseuse Lola Montez, pour qui il abdiquera.

Il sera l'admirateur effréné des trois Bourbons, Louis XIV, Louis XV et Louis XVI. Et se voudra roi de droit divin et religieux, dans la lignée de Saint Louis, que sa mère, Marie de Prusse, née Hohenzollern, lui donne comme modèle.

Avec cela rien n'est dit. Car une pluie torrentielle d'éléments fantastiques va faire de ce souverain un roi de légende. Décrié selon les uns, adulé selon les autres.

C'est le 1er janvier 1806, sous l'influence de Napoléon, que le duché de Bavière est élevé au rang de royaume, alors qu'Eugène de Beauharnais venait d'épouser Augusta-Amélie, la fille aînée du duc Maximilien-Joseph, qui devenait le premier roi de Bavière.

À l'article I de la Constitution on peut lire ce sur quoi Louis II s'appuierait pour user et abuser de ses droits :

« Le royaume de Bavière est un État souverain et monarchique. Le roi est le chef de l'État, il réunit en sa personne tous les droits du pouvoir de l'État et il en use selon les conditions fixées dans le présent acte constitutionnel. Sa personne est sacrée et invulnérable. »

Phrase dramatique qui conduira Louis II à répéter, comme son mentor, Louis XIV, « l'État, c'est moi » en s'arrogeant, dans certains domaines, des pouvoirs exorbitants ! Malheureusement, ces pouvoirs prendront vite aux yeux des ministres l'aspect de caprices hors de prix.

On lit encore, dans cette Constitution : « Le roi réunit les États de son royaume au moins une fois tous les trois ans. Il ouvre et clôt la session, dispose du droit de prolonger les débats, de les ajourner ou de dissoudre l'Assemblée. »

Néanmoins celle-ci a un droit de regard – qui sera tout relatif sous Louis II – sur les ressources de l'État, le contrôle du budget et l'usage qui est fait des impôts.

En 1847, Louis Ier lance à son ministre Abel : « Le roi ordonne, les ministres obéissent. Si l'un d'entre eux croit aller contre sa conscience, qu'il rende son portefeuille. » Il fait décorer sa Residenz royale de Munich de fresques grandioses retraçant le cycle germanique des Nibelungen. Il satisfait sa passion pour l'Antiquité grecque en commandant à l'architecte von Klenze des monuments néoclassiques. On surnomme bientôt Munich, « l'Athènes de l'Isar », du nom de la rivière qui la traverse.

Le docteur von Gudden, de triste mémoire comme on le verra, écrit à ce propos : « Mais c'est une Athènes en carton-pâte, une fantaisie gréco-romaine en stuc et en faux marbre, où les odéons grecs, les faux propylées, la Pinacothèque, un arc de triomphe imité de Constantin, voisinent avec des palais de style florentin, une église calquée sur la chapelle Palatine de Palerme, ou une réplique de la loggia des Lanzi. Ce qui caractérise ces constructions, outre leur profusion, c'est l'absence d'unité de style, et l'imitation sans génie d'architectures célèbres. »

On peut lui opposer l'éternelle bataille de la valeur, reconnue ou non, des copies de grands faussaires. Il fallait encore s'être intéressé à tous ces chefs-d'œuvre pour ressentir la nécessité d'en reproduire certains au sein de sa ville. Sans compter le budget pharaonique qu'il y dépensa, donnant un exemple fâcheux à son petit-fils, Louis, futur roi de Bavière. Il avait déclaré au moment où Louis était déjà en âge de l'entendre : « L'art ne doit pas être considéré comme un luxe ; il doit envahir toute la vie ; alors seulement il sera ce qu'il doit être. Mes grands artistes sont ma joie et mon orgueil. »

Les paroles de ce vieil homme plein de fougue s'inscrivent profondément dans l'âme vierge du jeune Louis. C'est sur ce grand-père se promenant dans les rues de Munich, un parapluie à la main, qu'il calquera son attitude de roi. Surtout que, joignant le geste à la parole, Louis Ier avait déclaré : « Être un vrai roi ou abdiquer ! » Louis est conquis. Il lira les grands classiques que lui indique Louis Ier revenu à Munich, après son exil à Rome : Schiller, Goethe, les légendes des Nibelungen, Shakespeare, Walter Scott envahissent son jeune esprit.

La passion du roi pour l'Antiquité l'avait poussé à soutenir les rebelles grecs contre l'occupant turc, et en 1832, il avait mis son fils Othon sur le trône de Grèce. Celui-ci dut abdiquer trente ans plus tard. Ce n'était qu'une aventure culturelle et non une mesure politique.

Mais Louis Ier s'ennuie. Il se lasse bientôt de tous ces travaux de pierre et d'esprit. Il a soif de passion. Il s'éprend follement d'une courtisane espagnole, au regard de braise, Lola Montez. C'est en fait une aventurière de haut vol, née en Irlande, élevée en Inde et mariée à un officier anglais. On la dit belle comme un ange mais c'est un démon. Louis Ier est subjugué. Il se rend à tous ses caprices. Elle dit « Mon Louis fait tout ce que je veux ». Elle s'immisce dans les affaires de l'État et bientôt on ne parle plus que du « Lolaministerium ». Munich est en fureur contre cette dévoreuse, cette aventurière qui ruine le cœur et la fortune des princes. Elle est passée du vice-roi de Pologne, le comte Paskievitch, à Franz Liszt et à Richard Wagner, puis à Alexandre Dumas, laissant derrière elle un relent de scandale. On se bat en duel pour ses beaux yeux sombres. À Munich, elle veut intégrer l'Opéra mais, bien que se prétendant danseuse – de fandango et de guaracha –, elle ne convainc pas le Théâtre royal.

Louis Ier perd la tête, il la couvre d'or et de bijoux, lui offre un somptueux hôtel particulier, la fait comtesse de Landsfeld et chanoinesse de l'ordre de Sainte-Thérèse. Une émeute éclate sous les fenêtres de la diablesse. Elle verse du chocolat chaud sur la tête des émeutiers qui s'enfuient ivres de rage, dispersés par la police royale. Elle reste triomphante au balcon, une cigarette aux lèvres.

Peu à peu, dans les esprits réactionnaires, la fausse comtesse incarne la révolution qui couve en Europe depuis 1830. Des combats éclatent dans les rues. Les opposants dressent des barricades. Munich est en effervescence pour ou contre les idées progressistes de la belle danseuse.

Sous peine de mettre la ville à feu et à sang, Louis Ier doit choisir. C'est Lola ou le trône. Conservateurs contre révolutionnaires. Malade de tristesse, gravement atteint, il se résout à éloigner sa maîtresse. Lola se retire à Rome. Mais la liberté sans entrave avec laquelle il a agi durant les derniers mois, l'a éloigné des décisions politiques. Voyant que les ministres ont peu à peu pris les rênes du pouvoir, il déclare à von Rotenham : « Monsieur le baron, dans ces conditions, la couronne n'a plus aucune valeur pour moi. »

À la stupéfaction du pays, il abdique le 2 février 1848. Et rejoint son amante dans la Ville éternelle. Il renonce à endurer les fureurs de la Révolution qui enflamme l'Europe. Il sait que Bismarck travaille comme un tigre à l'unité allemande et que la Bavière finira par passer sous la férule d'un empereur allemand mis à la tête de la confédération actuelle des États.

Son fils aîné, Maximilien II, devient roi de Bavière, et Louis, âgé de deux ans et demi, prince héritier du trône.

Le père du futur Louis II est un personnage austère, rigide, hargneux et antipathique, sans doute en réaction contre les folies de son propre père. Il restera toute sa vie étranger à son peuple comme à ses deux fils Louis et Othon. Il leur fait donner une éducation sèche et spartiate sans prendre garde à leur sensibilité d'enfants. Levers à l'aube, nourriture maigre, châtiments corporels sont monnaie courante. Il s'intéresse en priorité aux avancées scientifiques et philosophiques. Du moins s'entoure-t-il de savants dans son bureau de la Residenz, à Munich. Mais tout ceci sent la poussière et l'ennui. C'est le règne d'un roi bourgeois sans aucune fantaisie, obsédé et empoisonné par le problème du duché de Slesvig-Holstein que se disputent le Danemark et l'Autriche depuis un demi-siècle, au nord de la Prusse. Celle-ci déclare la guerre au Danemark. Le

Slesvig revient à la Prusse et le Holstein à l'Autriche. Le roi de Bavière est scandalisé.

Le 10 mars 1864 Maximilien sera terrassé par une crise cardiaque que l'on s'empresse d'attribuer à cette « vilaine histoire » entre frères ennemis. Le ministre von der Pfordten écrit dans son journal : « Le roi est mort à 11 heures 45, victime de l'affaire du Holstein. La veille, il avait tenu, face aux pressions autrichiennes, à rester fermement du côté du droit et de la justice. »

Marie de Hohenzollern, la mère de Louis, est réputée gentille mais idiote, elle se pique de ne jamais ouvrir un livre et lance la mode de l'alpinisme. Elle n'aura jamais aucun point commun avec ses fils dont elle ne s'occupe pas. Louis haïra en elle la princesse allemande un peu lourde et sans aucun romantisme, ni raffinement. Il l'appellera avec une distance teintée d'ironie, « la colonelle du régiment » en fonction d'un titre inapproprié qui lui revient effectivement. Ou bien « la femme de mon prédécesseur ». Elle a mêlé au sang faible des Wittelsbach, l'extravagance des Hohenzollern. Elle s'endort aux conférences scientifiques et passe son temps avec ses dames en randonnées dans la nature.

Cependant l'ancien palais des Wittelsbach, la Residenz, à Munich, est par trop inclus dans cette ville agitée et bruyante. À l'ouest de la ville, le château de Nymphenburg où la reine a accouché de ses deux fils, est le palais estival de la famille royale. Le Palais des Nymphes se reflète dans un Grand Canal qui s'achève en cascade. C'est dans ce château qu'on trouve la galerie des Beautés où Louis Ier avait amassé les portraits des femmes les plus belles, qu'elles soient princesses, duchesses, lavandières ou pâtissières. On y voyait Lola Montez côtoyer la reine Marie de Prusse ou l'archiduchesse Sophie, mère de François-Joseph.

Mais cela ne suffit pas. Dès 1832, poussée sans doute par son désir perpétuel d'alpinisme, la reine Marie décide son ombrageux mari à restaurer une vieille forteresse baignée de légendes. Au nord de Munich, sur un plateau boisé de conifères, bordé de deux grands lacs, l'Alpsee et le Schwansee, sommeillent à 895 mètres d'altitude les restes du domaine des seigneurs de Schwangau, le « pays du cygne ». Au loin se dresse la barrière fantastique des sommets enneigés des Alpes.

C'est là que le futur Louis II va boire le philtre puissant qui l'enivrera jusqu'à la fin de ses jours et dirigera toute sa vie. La reine Marie y fera son principal séjour, si bien que ses deux fils y passeront la majeure partie de leur enfance et de leur adolescence, bercés de la légende de Lohengrin, le chevalier du Graal.

2

LE CHEVALIER AU CYGNE

Le théologien Döllinger et le savant chimiste Liebig que Maximilien donne à ses fils comme précepteurs, les font bâiller d'ennui. On a retiré à Louis la gouvernante de son enfance, Sibylle von Meilhaus, pour laquelle il conservera toute sa vie un fidèle attachement. Elle est remplacée par le comte Basselet de la Rosée, un militaire français sévère et intransigeant. Il a trouvé chez son élève une mollesse, une mélancolie contre lesquelles il veut lutter. Le programme s'intensifie. Louis a des cours de français, d'anglais, d'histoire, de latin, de grec, auxquels s'ajoutent l'instruction militaire et les mathématiques.

Mais Louis n'aime que la lecture et les randonnées à pied ou à cheval dans les hautes montagnes qui entourent la ville. Tout le reste lui fait horreur. Il conserve un goût marqué pour les langues, qui lui donnent accès aux textes originaux.

À part son frère, Othon, son cadet de trois ans, Louis n'est entouré que d'adultes. Cerné de toutes parts par un enseignement trop lourd qui surcharge son esprit, Louis s'enfuit dans ses rêves. Son gouverneur français l'initie aux splendeurs de Versailles et lui enseigne le mot des princes absolus : « L'État c'est moi ». Conscient de sa supériorité de futur roi, le jeune garçon se montre facilement prompt à la colère. Il veut être le premier dans les honneurs, ne permet pas à son frère de monter avant lui en voiture, exerce sur lui une domination malsaine. Un jour qu'Othon lui a envoyé un coussin à la figure, il l'attache à une chaise et commence à l'étrangler à l'aide d'une écharpe. Au précepteur accouru en entendant les cris du plus jeune, Louis répond : « Il est mon sujet, j'ai le droit de vie et de mort sur lui. »

Il ne tolère pas qu'on le touche, ni qu'on l'approche. C'est à ses yeux un crime de lèse-majesté. Il s'isole peu à peu dans la seule compagnie de lui-même. Il passe de longues heures, étendu sur un canapé, dans les pièces obscures. Et quand on lui oppose : « Ne vaudrait-il pas mieux, Altesse, lire quelque chose de beau, plutôt que de vous ennuyer ainsi à ne rien faire ? », il répond : « Je ne m'ennuie pas du tout. J'imagine des choses qui m'amusent. »

Il se montre froid et altier avec son entourage. Ne recevant aucun argent de poche, il s'empare un jour dans un magasin d'une petite bourse de velours bleu qui lui plaît. On le réprimande. Il répond avec hauteur : « Tout ce qui est dans ce royaume m'appartient. »

Blessé par la sécheresse de son éducation, il se replie dans un monde de songes plus oppressants que charmants et se rend inaccessible aux autres. Il méprise son père pour son côté pusillanime et sa mère pour l'étroitesse de son esprit. Seul trouve grâce à ses yeux son grand-père Louis Ier qui a pourtant dû renoncer au trône. Il idéalise les Bourbons de France et pense avoir trouvé le modèle des plus grands rois en la personne du Roi-Soleil.

Ainsi sa royauté à lui, telle qu'il se la figure, est une royauté imaginaire, une rêverie esthétique empruntée à une histoire révolue, il le sait déjà. Il s'émeut du souvenir douloureux de Louis XVI et Marie-Antoinette, montant sur l'échafaud. Il voit que leur mort n'a pas seulement mis un terme à la monarchie mais à l'idée de royauté dans sa réalité même. Le caractère divin du sacre dans la cathédrale de Reims ne pourra plus revivre que dans la légende des rois-chevaliers. Il s'élève au-dessus d'une comédie qui le laisse indifférent, pour retourner follement à l'essence de ce qui n'a jamais existé que dans les contes. Il veut entrer tout vif dans une légende. Rêve où l'humain se fracasse par sa dimension titanesque. Rêve irréalisable et dérisoire. Dont Louis II, forcené de l'impossible, va rassembler les pièces une à une jusqu'à la monstruosité. Curieusement tout va l'y aider.

Et d'abord le château d'Hohenschwangau, que Maximilien, son père, a fait ériger sur un piton rocheux, dominant les lacs de montagnes. Il y passe plusieurs mois par an. Comme il le fera toute sa vie. Les troubadours qui grimpaient au milieu des forêts vertes des alentours jusqu'aux seigneurs de Schwangau, chantaient dans les vastes salles de la forteresse la légende du chevalier du cygne. Dans un style néogothique Maximilien fait construire un édifice massif, avec tours et donjons, sur quatre étages. Une terrasse donnant sur l'Alpsee, conduit à la cour intérieure du château. Les pierres ocre de la façade se marient avec les teintes d'automne ou la lumière dorée du soir. C'est un bijou dans l'écrin noir de la forêt bavaroise.

À l'intérieur, on retrouve comme à la Residenz, une débauche de fresques. Le peintre romantique Moritz von Schwind, familier de Schubert, a peint des anges, des dragons, des nains, des monstres. Le jeu des vitraux donne vie aux légendes germaniques, dont celle de Lohengrin, le chevalier au cygne. Le cygne est partout, aux lustres, aux couverts, aux meubles de bois sculpté, sur les murs, aux plafonds, dans la salle dite du chevalier. Au second étage, la salle des héros est une magnifique pièce en longueur, aux caissons de bois, où sont représentées des scènes de légendes du XIIIe siècle. C'est la salle à manger du château. L'immense table qui semble faire dix mètres de long est surmontée d'un imposant surtout en bronze doré, décoré de personnages issus des Nibelungen, « les nains de la brume » et leurs princes et princesses.

La chambre du roi avec ses fresques murales envahissant tout, et illustrant les œuvres du poète italien le Tasse, en particulier *La Jérusalem délivrée*, est le lieu où Louis se réfugiera souvent. Le feuillage des fresques envahit jusqu'au plafond, qui n'est autre qu'un ciel étoilé. Dans chaque étoile, on a dissimulé une ampoule, alimentée par des piles. Louis a peur du noir. Avant que l'électricité soit mise au château, on a trouvé cette solution provisoire qui enchante le prince héritier.

Mais il faut imaginer ces grandes pièces, couvertes de boiseries travaillées et de peintures légendaires, illuminées de centaines de bougies, dans le silence profond de la nuit des montagnes. Seule musique fine dans cette paix profonde : le bruit de la cascade qui coule dans les gorges de la Pöllat, en contrebas.

De sa fenêtre, Louis contemple les hauts sommets couronnés de brume se reflétant dans les eaux noires de l'Alpsee. Il voit Tannhäuser, le troubadour de la Wartburg, se frayant à cheval un chemin jusqu'à la forteresse pour y livrer le combat des Chanteurs. Puis il reprend son activité favorite et s'enivre de la lecture des contes, seul, toujours seul, tel Narcisse amoureux de lui-même.

Dans l'océan nocturne le monde réel s'est endormi. Louis embarque pour son monde à lui. Qui n'existe pas. Pas encore.

Il lit, relit et relit encore, la légende de Lohengrin, jusqu'à la savoir par cœur et se la réciter dans ses longues chevauchées solitaires. S'en imprégner follement, en frémir, en trembler d'émotion, amoureux fou du héros, compagnon idéal car sans volonté opposée à la sienne, forgé par sa seule imagination débridée par la distance.

Il halète dans sa luxueuse solitude, dans la nuit complice de son crime d'amour, loin, loin de tous, loin de tout. Il déteste le monde entier et serait capable de tuer celui qui l'empêcherait de vivre cette ivresse qui l'envahit. La seule qui le comble, qui le rende heureux ; par sa folie même, par sa démesure surhumaine. Dans l'air pur des montagnes le chevalier au cygne l'entraîne dans une course érotique où il déploie les ailes de son être ligoté d'interdits. C'est à cette cérémonie violente qu'il se prépare tout le jour en fuyant le monde et ses fonctionnaires minutieux et hypocrites.

Au château de Hohenschwangau qui lui est dédié, le chevalier au cygne est partout présent. Le cygne lui-même, figure idéale de l'idéale pureté, jeune prince de Brabant transformé en oiseau par la magicienne Ortrud, hante les lieux. Il incarne l'impossibilité de l'ange, l'impossibilité d'échapper au monde, sauf dans la mort. Il n'y a d'ailleurs aucune psychologie dans ces personnages conceptuels et inhumains. C'est bien ce qui fascine Louis II.

Seule compte à ses yeux la perte qui déchire Elsa, lorsqu'elle voit disparaître son amour, simplement parce qu'elle a osé lui demander son identité mystérieuse. « Les femmes sont si ennuyeuses », dira Louis à Richard Wagner. Question fatale qu'il ne fallait pas poser car elle renvoie Lohengrin à son père Parsifal, le dieu de Montsalvat, « temple lumineux, d'une splendeur telle que la terre n'en connaît pas, où se tient le Graal ». Lohengrin avoue :

« Par le Graal je fus envoyé jusqu'à vous
Mon père Parsifal en porte la couronne
Je suis son chevalier et j'ai nom Lohengrin. »

Maintenant que l'identité sainte du chevalier est connue, il va perdre sa force sacrée, et doit s'en retourner d'où il vient.

Tout s'entremêle dans l'esprit de Louis. Les figures qui hantent le château de son père, les écrits de Wagner qui sont connus de tous, son orientation homosexuelle et narcissique, sa peur des femmes de chair, sa fascination pour le chevalier inaccessible. Il peut donc s'en éprendre librement, hors de tout lien réel ; hors de toute la culpabilité inculquée par son éducation protestante et catholique.

Tout s'entremêle, mais le résultat est cette passion amoureuse fantasmée, qu'il vit avec Lohengrin. Exacerbée, car elle se développe la nuit, en secret. Supra-excitante car allant à l'encontre de tout ce que son père et ses précepteurs ont voulu lui apprendre. À savoir s'occuper de politique, de commerce et de finances, de guerre et de dynastie. Il n'en a cure. Tout cela l'ennuie à mourir. Son grand-père, Louis Ier, n'a vécu que pour les arts et l'amour. Il est son modèle.

Quel n'est pas son délire de joie lorsqu'il trouve sous la plume de Wagner les mots qu'il attend comme une confirmation de ce qu'il a toujours ressenti : « Je me sentais en dehors du monde moderne, dans l'éther sacré, transparent, et, ma solitude se transformant en ravissement, j'étais rempli d'un effroi voluptueux, comme nous en éprouvons au sommet des Alpes, lorsque dans cette mer bleue qui nous entoure, nous voyons se dessiner plus bas des chaînes de montagnes et de vallées. »

Un homme, quelque part sur terre, rejoint le secret de son bonheur, par-dessus le commun des mortels. Où sont ses écrits ? Qu'il s'imprègne de sa pensée. Elle rejoint la sienne. C'est un miracle, pense-t-il. Et le coup de tonnerre retentit alors qu'il termine sa seizième année. Voilà qu'on donne *Lohengrin* à l'Opéra de Munich, le 16 juin 1861. Louis, ébloui, assiste à la représentation.

Le chanteur Schnorr von Carolsfeld fait entendre sa voix d'or. Louis est déjà amoureux du personnage. Il s'éprend de l'artiste, de l'homme. Que l'azur ne soit que peinture, la lumière, artificielle, les plumes, collées entre elles et le blanc, de plâtre, ne gênent en rien son rêve. Son amour s'incarne dans une mise en scène lointaine et irréelle qui lui convient parfaitement. On l'a vu pendant la représentation, tendu, vibrant vers la scène, le visage extatique, baigné de larmes.

Les images du chevalier au cygne, les statuettes, la littérature wagnérienne attisent cette flamme qui l'habite. Jamais on n'en vit tant à la cour des Wittelsbach. Le roi Maximilien accorde à son fils un bal de Lohengrin. C'est une orgie de cygnes, de la parure des dames à la décoration des salles. Le jeune prince commence à resplendir d'une beauté qui plaît à beaucoup d'entre elles. Mais ce n'est pas vers Elsa que va sa prédilection, s'en doutent-elles ? C'est vers le chevalier qu'elle aime.

3

BEAU COMME UN DIEU

En pleine crise du Slesvig-Holstein, Maximilien meurt le 10 mars 1864. Le roi est mort, advienne le nouveau roi, grand adolescent de dix-huit ans. Un peu plus tôt Bismarck, le chancelier prussien, reçu par la reine Marie, au château de Nymphenburg, assis à table près de Louis, écrivait à Guillaume Ier, oncle du futur roi : il l'avait trouvé absent, « n'ayant pas l'air d'être à table, contraint à une conversation banale, buvant trop de champagne malgré les signes de sa mère au maître d'hôtel ». Mais il assure que le jeune homme est doué, ne manque pas de vivacité et « semble pénétré du sentiment de son avenir ». Il dira plus tard : « Ce fut la seule fois que je rencontrai le roi Louis II. L'impression que j'emportais fut sympathique, quoique j'eusse le regret de ne pas avoir réussi à éveiller l'intérêt de mon voisin de table. »

Un concert d'éloges va saluer l'accession au trône du jeune monarque. D'abord on le voit défiler dans les rues de la capitale derrière le cercueil de son père. Il avance d'un pas cadencé, un peu chaloupé qui lui est particulier. Il éblouit les braves Munichois par sa taille hors du commun – il mesure 1,90 mètre –, sa silhouette fine et élancée, un port de tête singulier, farouche et digne, sa chevelure brune épaisse et bouclée, son front haut et large. Mais surtout ce regard bleu, perdu au loin, qui contemple sans cesse autre chose, et cette bouche encore enfantine et capricieuse. Une aura puérile et majestueuse à la fois, venue d'un autre monde.

Les témoignages sont unanimes. Klara Tschudi, femme de lettres, écrit : « Même s'il avait été vêtu de haillons, on n'aurait pu éviter de le distinguer et de l'admirer au milieu d'une foule. C'était le plus beau jeune homme que j'aie jamais vu. » Le prince de Hohenlohe, futur chancelier d'Allemagne, pour sa part, écrit : « Ce monarque est d'une nature tout à fait noble et poétique. Sa personnalité a un pouvoir de séduction extraordinaire car on sent que c'est l'expression d'un cœur bienveillant. Ni l'intelligence, ni le caractère ne lui font défaut. Je souhaite que les tâches qui lui incomberont durant son règne ne soient pas au-dessus de ses forces. »

Bomhard, ministre de la Justice, reçu en audience, raconte : « Le roi encore adolescent, auréolé d'une beauté juvénile, le visage et le maintien d'une grande noblesse, me reçoit revêtu d'une tenue solennelle, l'étoile de l'ordre de Saint-Georges sur la poitrine. M'ayant montré avec courtoisie, la vue grandiose qui s'étend devant les fenêtres du château, il me parle de mes tâches ministérielles, étonnamment bien renseigné, sans doute par son chef de cabinet. Après le repas, le roi s'entretint avec moi de questions historiques, juridiques et de la situation politique. Mais je m'aperçus bientôt que, tout en conservant sa grâce et sa bienveillance, il se dressait soudainement avec un regard dur, sévère, et prenait une allure sombre, contrastant avec la précédente. Je me disais Dieu veuille, s'il y a deux natures qui combattent dans cet adolescent, que ce soit la bonne qui triomphe de l'autre. »

Mais si Louis reçoit ses ministres chaque jour en ce début de règne, il n'oublie pas les artistes. Ernst von Possart, comédien de théâtre, écrit à son tour : « Je suis dans une vaste pièce tapissée de bleu. Un groupe de grandes palmes en son centre. Les branches s'agitent, une silhouette élancée, dépassant la mesure humaine, s'avance solennellement vers moi. Je dois renverser la tête pour pouvoir regarder le roi en face : deux yeux gris d'acier encadrés de cils sombres, se plongent dans les miens et ce regard m'enchaîne. Le roi parle d'une voix bienveillante et douce. Il me questionne sur mon passé, mes rôles favoris. Il exprime le désir de me conserver longtemps sur la scène de son théâtre. Je suis ses paroles avec difficulté, fasciné par ces yeux qui brillent comme deux saphirs. »

Louis II succède donc à son père sur le trône de Bavière. Il prête serment d'allégeance à la Constitution. « La charge qui m'incombe est haute et lourde. Que Dieu me donne la clairvoyance et la force de la remplir. »

Le prince héritier partageait jusque-là sa vie entre les appartements de la Residenz – le moins possible –, le château de Berg sur les rives du lac de Starnberg où il aime monter à cheval avec sa cousine, l'impératrice Élisabeth d'Autriche, lorsqu'elle n'est pas au bout du monde. Ou, plus volontiers et de longs mois durant, dans la forteresse néogothique de Hohenschwangau. C'est en compagnie des fantômes de Lohengrin, Tannhäuser ou Siegfried qu'il partage le plus clair de son temps. Ce n'est qu'auprès de son grand-père qu'il s'épanche de temps en temps. Le vieillard, âgé maintenant de quatre-vingts ans, toujours vert et enthousiaste, retrouve avec plaisir chez son petit-fils, la même folie des arts et lui écrit des vers :

« Mon petit-fils, ces regards ce sont les tiens,
Des rayons de lumière qui paraissent inimaginables. »

Louis II a reçu sa bénédiction et son amour. Après le règne sans surprise, terne, de Maximilien, le peuple découvre un jeune roi qu'il peut admirer, aimer, voire idolâtrer ou haïr, avec lequel, en tout cas, on ne risque pas de s'ennuyer. Mais l'aliéniste Morel constate : « Il a des yeux qui parlent de folie. » C'est selon. La foule est émue par cet adolescent si pâle et si beau. Celui-ci, se pliant au protocole, a assisté aux cérémonies, reçu les serments de fidélité des fonctionnaires et des ambassadeurs, entendu les rapports du chef du gouvernement, von der Pfordten et de son chef de cabinet, Pfistermeister. Puis il se réfugie à Berg, fuyant déjà Munich et sa politique, qu'il qualifiera de « fadaises d'État ».

Car, pas d'erreur, pour le nouveau souverain, être roi c'est avoir le droit et surtout, la possibilité, de faire ce qui vous tient le plus à cœur, sans contrainte. Par quel tour de magie toute sa vie, tout son pouvoir vont-ils servir au confort, à la gloire plus précisément, d'un seul homme ? Nietzsche, qui a un temps succombé au charme wagnérien, le dit : « La musique de Wagner triomphe auprès des grands nerveux, des femmes et des adolescents… Wagner est passé maître dans l'art des passes hypnotiques. »

Louis II est en proie à la fièvre wagnérienne.

Son mentor l'a écrit, l'a dit, le prouve, pour supporter de vivre, un seul remède, l'amour. Mais quel amour ? Wagner écrit : « J'avais rêvé de sortir d'une sensualité frivole qui me dégoûtait, la seule que connaissent nos contemporains. Ce n'était pas la chaleur de la vie que je voulais fuir, mais le bouillon fangeux de la sensualité vulgaire d'un certain type de vie, la vie des temps modernes. Or à peine ce sentiment de bonheur s'était-il emparé de moi, que s'éveillait un nouveau désir, indiciblement puissant, d'aller du haut vers le bas, de la splendeur ensoleillée de la chasteté, vers l'ombre intime de l'étreinte amoureuse. » D'un côté « le chant furieux de la chair » dont parle Baudelaire et, de l'autre, le chant céleste de l'ange.

Quelques années plus tard, le journal intime de Louis retentira de ses cris d'angoisse devant l'exigence sexuelle qui le taraude, quand il voudrait tant faire une offrande de chasteté aux mânes du Christ et du Roi-Soleil.

Il trouve donc dans *Lohengrin* ou dans *Tannhäuser* les thèmes qui l'obsèdent déjà. Mais où l'enchanteur agit sur lui, c'est que la musique qui porte ces thèmes, est elle-même un envoûtement. Pour illustrer le conflit entre mystique et érotisme, le musicien use de longues périodes languides, « dont les notes, écrit Liszt, vibrantes et pantelantes, tantôt gémissent, tantôt commandent », et appellent des « suggestions orgiaques ». Vertigineuses courses vers l'abîme du plaisir, échos d'orgies trépidantes où les spasmes voluptueux de l'amour répondent aux séductions tyranniques de la chair. Et ces longues périodes tendent vers l'éblouissement où le jeune Louis s'aventure, dans la solitude, enivré d'un premier amour dont il ne se remettra jamais.

C'est en 1836 que Wagner découvre les fastes d'un grand opéra avec le *Ferdinand Cortez* auquel il assiste sur la scène de Berlin, ainsi que les possibilités insoupçonnées du drame historique. Il comprend et décide qu'il ne peut plus représenter ses œuvres que sur les plus vastes scènes d'Europe. Mais il tire le diable par la queue et ambitionne la direction musicale d'un grand théâtre. « J'allai même, écrit-il, jusqu'à rédiger une requête en bonne et due forme destinée au roi de Saxe. » Wagner, qui s'est vu traité de « charlatan génial », n'hésite pas à qualifier sa musique de « musique de l'avenir ». Il ne manque plus qu'un jeune souverain naïf et désemparé pour lancer le magicien et sa formule magique.

Wagner cherche parmi les innombrables princes et souverains de la confédération allemande d'alors, celui qui serait assez aveuglé par sa séduction d'enchanteur pour oublier le statut qui est le sien d'exilé politique. Ne plus voir en lui qu'un compositeur de génie. Car il traverse une des phases les plus critiques de sa vie.

À l'âge de cinquante ans il est tombé amoureux de Mathilde Wesendonck pour qui il compose des lieder. Il se sépare de sa femme, Frau Minna, qui vit petitement à Dresde. Et puis il essuie l'échec de son *Tannhäuser* à Paris. Ce qui le ronge, dit-il, c'est que tout son avenir dépend étroitement des chances que lui apporterait un succès parisien. Loin de lui avoir offert la gloire, ses premières œuvres jouées sur les grandes scènes européennes, *Rienzi*, *Lohengrin*, *Tannhäuser*, ne lui ont rien rapporté. Les directeurs de théâtre restent sceptiques sur la réussite de ses nouvelles œuvres à venir. Il se résout à faire publier sur papier *L'Anneau des Nibelungen*, la mort dans l'âme. Mais c'est dans l'espoir d'attirer l'attention d'un prince assez intelligent pour comprendre à quelle renommée pourrait prétendre celui qui saurait imposer « la musique de l'avenir ».

Il lui faut l'appui financier sans réserve d'un puissant de ce monde pour monter avec le luxe nécessaire sa Tétralogie. À défaut, il entrevoit de noires années de misère qui terrasseraient son génie, le précipitant au fond du désespoir. Mieux vaudrait encore que l'Anneau ne voie jamais le jour s'il ne peut être représenté avec tous les moyens qu'il exige. L'ancien insurgé qui élevait des barricades à Dresde et qui chantait le soulèvement italien dans les *Rienzi*, veut se faire une nouvelle dignité afin d'être accueilli dans une Cour.

Il tente sa chance sans succès auprès du roi de Prusse, du duc de Cobourg ou de Weimar, ou encore vers le roi de Hanovre qui est réputé « libéral et magnifique dans sa passion des arts ». Georges IV ne répondit pas davantage. Il n'y eut que le grand-duc de Bade qui eut quelques velléités de le recevoir à sa cour, mais il en fut dissuadé par les courtisans convaincus que « ce fou ruinerait leur pays ».

Wagner traversait de sombres heures, avait des crises de colère suivies d'accès d'abattement profond. Il passait de longues journées « pâles, sans âme ». « Le poisson sur le sable de la rive est la parfaite image de ce que je suis », écrivait-il à Mathilde Wesendonck. Il finissait par cette épitaphe dérisoire : « Ci-gît Wagner qui jamais ne fut rien... » Envoyée de Munich, semble-t-il, le 25 mars 1864 !

Son amie Mme Wille s'efforce de le soutenir. Elle croit en lui et le lui dit.

– Que m'entretenez-vous d'avenir, tonne-t-il, lorsque mes manuscrits restent enfermés dans des tiroirs ?! Qui donc veut représenter ces drames de telle façon que tout le monde sache que c'est ainsi que le Maître les a voulus ?

Il parcourait la chambre à grands pas nerveux et soudain stoppant sa marche, il s'écria :

– Sachez-le, j'ai une organisation à part. J'ai des nerfs sensibles. Il me faut de la beauté, de l'éclat et de la lumière ! Le monde me doit ce dont j'ai besoin ! Je ne vivrai pas d'une malheureuse place d'organiste comme votre Bach ! Est-ce donc une exigence inouïe de demander un peu de luxe, moi qui vais donner au monde des jouissances inconnues ?

Un soir de particulière dépression, il confesse :

– Mon amie, vous ne connaissez pas l'étendue de mes souffrances, la profondeur de ma détresse.

Mme Wille fut pour cette fois, effrayée de le voir dans un tel état. Mais elle ne perdait pas espoir et le lui dit. Intuition féminine ou bien avait-elle entendu parler du jeune roi de Bavière ?

4

LA RENCONTRE TANT DÉSIRÉE

Louis II ronge son frein le temps de quelques semaines à peine et fin avril, n'y tenant plus, il appelle son chef de cabinet, Pfistermeister, pour lui donner l'ordre dont il rêve depuis trop de temps. Il faut à tout prix trouver où se cache l'homme qui est entré dans sa vie comme une foudre, deux ans auparavant. Qui donc ? Mais le compositeur génial de *Lohengrin*, Richard Wagner. Répertorié comme dangereux révolutionnaire, fuyant ses créanciers de ville en ville sans laisser d'adresse, il va falloir le dénicher où il se terre. Ironie du sort, il ne sera pas aisé de mettre la main sur ce musicien errant qui ne demande pourtant qu'à être appelé.

Wagner est aux abois, sa fuite le mène à Stuttgart où il arrache la promesse d'une représentation de *Lohengrin* auprès du chef d'orchestre, Eckert. Il touche d'avance sa part de recette. Le 2 mai, au cours d'une soirée chez Eckert, un inconnu lui fait passer sa carte. Méfiant, il fait répondre qu'il n'est pas là. Rentré à son auberge, il accepte une entrevue pour le lendemain matin avec cet homme qui se présente comme le conseiller aulique du roi Louis II de Bavière. À l'heure prévue, Pfistermeister se présente. Il tend au musicien un rubis enchâssé dans un anneau d'or, un portrait de Louis II et une missive du roi lui faisant part de sa volonté de l'aimer, l'aider et le servir.

Wagner, terrassé de bonheur devant un tel miracle, écrit une courte lettre de gratitude :

> « Cher Roi plein de grâce,
> Je vous envoie ces larmes de la plus céleste émotion pour vous dire que les miracles de la poésie sont entrés comme une réalité divine dans ma pauvre vie avide d'amour... »

Pendant près de vingt ans suivront près de 600 lettres « d'amour » échangées entre les deux hommes. Ou à propos de leur rencontre fabuleuse. Celle-ci que Wagner, reconnaissant du soutien qu'elle lui a apporté, écrit à Mme Wille :

> « Mon amie,
> Je serais le plus ingrat des hommes si, tout de suite, je ne vous faisais part de mon immense bonheur. Vous savez que le jeune roi de Bavière m'a fait demander. On m'a aujourd'hui même conduit chez lui. Il est si beau et si charmant, il est si riche de cœur et d'esprit que je crains de voir sa vie s'évanouir dans ce monde de fer comme un divin rêve impossible. Il m'aime avec l'ardeur et la profondeur d'un premier amour. Il sait tout de moi et me comprend aussi bien que moi-même. Il veut que je reste toujours auprès de lui pour travailler, me reposer, faire représenter mes œuvres. Il me donnera tout ce qui est nécessaire pour cela... Je suis mon maître. J'ai un pouvoir illimité. Je ne suis plus un petit chef d'orchestre

mais rien que Moi et l'ami du Roi. Mon amie, tout cela n'est-il pas inouï ? N'est-il pas un rêve ? Mon bonheur est si grand que j'en suis encore tout étourdi. Vous ne pouvez vous faire une idée du charme de son regard. On y trouve une merveille si rare !... »

Et Louis de son côté, dans le même état d'enchantement, écrit à Richard Wagner :

« Monsieur,
J'ai chargé le conseiller de ma cour, Pfistermeister, de s'entretenir avec vous d'une demeure qui vous conviendrait. Soyez persuadé que je ferai tout ce qui est en mon pouvoir pour compenser vos souffrances passées.
J'écarterai à jamais de votre tête les médiocres soucis de chaque jour.
Je vous ménagerai la paix à laquelle vous aspirez, afin que vous puissiez librement déployer les ailes puissantes de votre génie dans le pur éther de votre art enivrant. Vous avez été, sans le savoir, la seule source de mes joies, et, dès ma tendre adolescence, mon ami, celui qui, comme nul autre, aura su parler à mon cœur, mon meilleur maître, mon éducateur. Je veux de mon mieux m'acquitter de tout cela envers vous.
Avec quelle joie ai-je aspiré au temps où je pourrai le faire ! J'osais à peine nourrir l'espérance d'être si tôt en état de vous prouver mon amour.
Avec mon salut le plus cordial,
Votre ami,
Louis, Roi de Bavière.
Le 5 mai 1864 »

On trouve une vraie délicatesse de cœur dans cette lettre. En quoi est-ce que le roi, qui peut se faire représenter les opéras de Wagner comme il le veut, est-il obligé pour autant de le prendre en charge aussi complètement ? Quelle solitude et quelle sécheresse ont-elles donc entouré son enfance pour qu'il s'attache avec une telle force à ce premier amour ? Il a dû s'inventer un être virtuel pour ne pas mourir de pauvreté affective. De ce don aveugle de lui-même, il songe à remercier somptueusement le vieil homme parvenu jusqu'à lui au bout de son chemin de douleur.

Lequel est le plus sincère ? Louis certainement dans sa naïve passion. Mais c'est pourtant une passion de carton-pâte, aussi affligeant que cela soit à admettre. Quant au rusé musicien il est sans aucun doute ruisselant de reconnaissance devant l'adoration dont il est l'objet. Mais c'est un charmeur de notes et de mots et sa « vraie » vie est ailleurs. Louis en fera l'amère expérience un peu plus tard.

Wagner n'est-il pas ce même révolutionnaire qui, le 14 juin 1848, demandait avec fougue « l'abolition de l'argent qui pourrit tout, et l'extinction du dernier écho de l'aristocratie » ? Il a bien mis d'eau dans son vin, cet Enchanteur court sur pattes, apparu devant l'adolescent de haute stature, au regard bleu mélancolique qui s'emplissait de larmes. Dans le grand salon de réception de la Residenz tendu de bleu, le jeune homme, dans sa première fraîcheur, a été saisi d'une émotion violente devant celui qui l'avait arraché à la mortelle étroitesse de sa vie, par ses chants et ses écrits envoûtants.

Il attendait, il préparait ce jour-là, avec acharnement, depuis longtemps, attentif à tout ce qui émanait de celui qu'il faut bien appeler son idole.

La lecture des publications de Wagner sur « la musique de l'avenir » lui livre une conception du monde, une philosophie de l'art sur le combat du créateur en proie aux vicissitudes de la vie terrestre. Il est hypnotisé par son maître à penser. Son esprit confus, sans structures suffisamment fortes, est conquis *a priori*.

Il écrit à Richard Wagner :

« Mon seul, mon cher ami,

… J'ai lu avec un vif intérêt votre introduction manuscrite au *Vaisseau fantôme*. Merci de me l'avoir envoyée… Comme je me réjouis de voir approcher le temps où mon ami chéri m'initiera aux secrets et aux merveilles de son art… Ici, dans mon cher Hohenschwangau, je passe mon temps en toute tranquillité et en tout bonheur. Un repos bienfaisant règne en ces lieux. Je trouve plus de loisir pour la lecture. En ce moment je relis Shakespeare et le *Faust* de Goethe. L'air des montagnes exerce sur moi une salutaire influence. Presque chaque jour, je fais une promenade à cheval. À ce que j'apprends la première représentation du *Vaisseau fantôme* pourra avoir lieu le 27 courant. Je n'y assisterai pas, car c'est seulement après qu'ils ont plusieurs fois joué une pièce, que les acteurs arrivent à plus de sûreté et à se libérer de certains défauts, en sorte que l'auditeur a une jouissance artistique plus élevée.

J'ai l'intention, par l'exécution d'œuvres importantes de Shakespeare, Calderón, Mozart, Gluck, Weber, de détacher le public munichois des pièces frivoles, d'éclairer son goût et de le préparer aux merveilles de vos œuvres, de lui en faciliter l'accès, en lui jouant d'abord les textes d'autres grands maîtres. Car tout doit être pénétré de la grandeur de l'art. »

Il lui envoie sa photographie peinte, afin qu'en la regardant Wagner pense qu'il lui a voué « un amour qui durera éternellement, aussi fort qu'un homme peut aimer ».

De Hohenschwangau, il lui écrit le 16 août 1864 : « Vous me demandez si votre venue jusqu'à moi, ici, dans ce beau Hohenschwangau me serait agréable ? Soyez persuadé qu'il ne pourrait m'échoir une plus grande joie que celle de voir ici mon ami aimé... dans les lieux où tout vous rappelle à moi, car c'est ici que, pour la première fois, j'ai lu plusieurs de vos poèmes. »

Et, toujours de Hohenschwangau, il écrit un peu plus tard dans ce mois de novembre 1864 : « J'ai écrit au roi de Saxe pour qu'il nous prête le chanteur Schnorr et lui donne, le mois prochain, un congé de dix à douze jours. Peut-être par la suite réussirons-nous à l'attacher définitivement à Munich. Oh comme j'ai hâte de voir *Tannhäuser*, *Lohengrin* et *Tristan* ! »

Il offre à Wagner son cœur, ses biens, sa vie, apure toutes ses dettes, lui offre une pension annuelle de cinq mille florins, une maison à Munich, Briennerstrasse et, pour ses villégiatures, la villa Pellet sur le lac de Starnberg, non loin de son château, pour être sûr de l'avoir près de lui.

En dix minutes à peine une voiture peut conduire le vieux musicien auprès du jeune roi enthousiaste et insatiable. Car le roi, souvent deux fois par jour, de nuit aussi, éprouve le besoin irrépressible de voir Wagner auprès de lui et de l'entendre jouer au piano ses dernières compositions. Emporté par la reconnaissance, Wagner écrit à Eliza Wille : « Je vole à ces rendez-vous comme à ceux d'une maîtresse. Nous restons là des heures entières à nous contempler, ses yeux perdus dans les miens pendant que je lui parle de mes grands projets. » C'est une véritable lune de miel qui arrange infiniment les ministres, libres de gouverner à leur guise, pendant que le jeune souverain est aspiré sans réserve dans cette passion. Les mots de Wagner, dans les missives qu'il adresse à Mathilde Maier, sont explicites. Le 5 mai : « Notre rencontre d'hier a été une grande scène d'amour qui ne pouvait plus se terminer… Tout ceci est une vraie affaire de cœur. C'est pourquoi je te supplie d'être discrète. » Le 16 mai, à Peter Cornelius : « Mon jeune roi est un ange, toujours plus beau. Perdre ce jeune homme magnifique et très doux serait une épreuve que je ne pourrais plus supporter. Je demeure à un quart d'heure de sa résidence ; souvent dans la journée, il m'envoie chercher. Il est insatiable d'apprendre à aimer. » Et le 23 mai : « La somme de félicité qu'il me procure est inconcevable. Et comme il est beau ! Voici enfin une passion amoureuse sans tourment. »

Quant à Louis, Wagner est pour lui « le sublime ami divin », « l'adoré de mon âme ». Il déclare au musicien : « Vous fûtes, vous êtes et vous serez mon tout jusqu'à ma mort », « mon amour éternel », « Vous me procurez des joies que Dieu seul peut donner ». Wagner avoue enfin avec un début de lassitude : « Avec ce jeune roi, il faut toujours planer dans les cimes. »

En effet, vers le milieu du mois de mai, Wagner a emménagé sur le lac de Starnberg avec le chien Pohl, un couple de serviteurs, et ses malles innombrables emplies de ses robes de chambre en satin, ses bérets de velours, ses partitions de musique et ses flacons de parfums.

Et puis Louis a dû se rendre à Kissingen pour rencontrer le tsar de Russie et l'empereur d'Autriche au sujet de la guerre qui gronde avec la Prusse. Wagner se retrouve seul soudain, « sans femme à mes côtés, sans personne de vraiment cultivé avec qui échanger mes idées, seul avec mes domestiques dans une maison déserte », écrit-il à son amie Eliza Wille. La nature en carton-pâte sur une scène d'opéra lui suffit amplement. Mais la nature en vraie, les hautes cimes qui enivrent son royal admirateur, les rives mornes du lac, lui qui ne monte pas à cheval, finissent par lui donner le haut-le-cœur.

Il a beau dire que ce grand adolescent fasciné lui remplace « le monde, la femme, l'enfant » qui lui font défaut, il ne peut plus rester dans cette pauvreté. Il lui faut von Bulow, son chef d'orchestre favori, Cosima von Bulow, fille de Franz Liszt et de Marie d'Agoult, qui seule a vraiment compris son génie. Il lui faut un théâtre, des chanteurs – les plus grands –, un public, des moyens incessants, du luxe, des interprètes de sa musique, et surtout, la baguette nerveuse et passionnée de Hans von Bulow.

5

LE GRAND QUIPROQUO

Wagner joue sur les mots. Il s'amuse à troubler le roi avec son vocabulaire cyniquement ambigu. Il joue avec l'âme de son jeune amoureux. Louis rougit, pâlit, tremble à la moindre de ses paroles. Tandis que chez le vieux musicien il n'y a pas l'ombre de ce désir charnel entre l'amant et l'aimé, dont parle Platon. Il est passé maître dans l'art du jeu théâtral. Aussi sincère que soit son enthousiasme, car sa vie en dépend, ce nouveau rôle fait partie de la comédie de sa vie.

Il donne à Louis ce qu'il attendait : l'illusion enivrante que son rêve est en train de devenir réalité. Il l'abreuve de musique, de poésie, de grands mots d'auteur et même de tendre admiration. Il le comble, l'inonde de nobles sentiments, de rêves artistiques, de projets communs où le jeune homme se fond de bonheur, où ses poumons oppressés se dilatent voluptueusement.

Louis épouse Richard pour le meilleur. Il se redresse, grandit démesurément sous les paroles de « l'ami », rejoint le chevalier de *Lohengrin* dans sa noblesse pure et désintéressée. Pour Wagner, aucun souci, il n'a qu'à se laisser adorer, chose pour laquelle il entend être né. Mais pour Louis, c'est une tout autre affaire. Il colle au personnage de tout son être. Même si c'est une dérobade face à son rôle de souverain. Il construit sur du toc une réalité fantasmée qui risque de s'écrouler. Par orgueil, il a fui ce qu'on lui refusait : l'amour. Aujourd'hui, il s'en fabrique un, de théâtre, où rien n'est vrai. Tout s'entrechoque dans sa tête en désordre : la beauté, la laideur ; la noblesse, le pouvoir ; la vérité, le mensonge ; le bonheur, le malheur.

Son éducation religieuse, menée de main de fer par le père Ignace von Döllinger, lui fait voir le sexe comme infernal et diabolique. Il y trouve une volupté aiguë, jointe à une culpabilité torturante. La pureté de Lohengrin le repose de toutes ses angoisses. Wagner illumine les recoins les plus obscurs de sa sexualité en les aveuglant de grandeur.

Quel soulagement ! Rien que pour cela Wagner lui serait infiniment précieux. Au lieu de vivre simplement ce vers quoi son instinct le porte, il le diabolise dans les plus grandes souffrances, pour se soumettre aux interdits d'une société réactionnaire. Car la réaction veille au sein du gouvernement. Lui-même, Louis II, choisit pour modèle l'absolutisme du tsar de Russie, de François-Joseph d'Autriche ou encore du Roi-Soleil. La corde pour se pendre.

Il erre dans un état fiévreux et languissant entre deux rendez-vous et lorsqu'il a satisfait les exigences de son « enchanteur », il lui semble « posséder le ciel sur la terre ». Il aime à être possédé, sinon sexuellement du moins intellectuellement. Ce que l'autre s'entend à merveille à réaliser puisqu'il est sur Terre pour cela, comme l'avait bien compris Nietzsche. Ainsi par moments il lui écrit des lettres emplies de déclarations d'amour superlatives qui épuisent, par leurs redondances mêmes, la matière synthétique de cet « amour ».

Comme après une longue nuit d'extase, les en-têtes les plus extrêmes viennent heurter la solitude du compositeur au travail. On lit « adoré, unique, sublime, splendide, tant aimé, éternel, profond, sacré, chéri, merveilleux, suprême, ineffable, divin ». Wagner enregistre avec satisfaction les effets de son influence sur l'ignorance relative du roi. Louis n'a-t-il pas pleuré de honte sur les brèves jouissances répétées qui le laissaient pâle et désenchanté ? La chasteté du cygne lui apparaissait héroïque, grandiose, surhumaine, en tout point enviable. Intellectuellement parlant, s'entend. Mais les belles silhouettes masculines qui l'entourent le ramènent aux exigences de la chair.

Wagner a fort bien compris la nature de cet amour que lui porte le jeune homme. Mais il a toujours été grand coureur de femmes et son attitude ne changera pas. Surtout que c'eût été donner prise aux mauvaises langues qui n'attendaient que l'occasion de se déchaîner. Il cultive au contraire cet amour sachant combien son intérêt en dépend. Il a incurvé la tendance vers un idéalisme facile à imposer vu l'enthousiasme aveugle du roi.

Peut-être ne voyait-il pas le mal qu'il faisait en attisant cet incendie. Mais même s'il l'avait compris, il n'aurait pas agi autrement car il entretenait ce mal à son profit.

Pendant ce temps le narcissisme de Louis s'éployait dans les premières représentations de sa charge. Il lui plaisait d'être admiré par la tsarine de Russie ou l'impératrice Élisabeth d'Autriche, sa cousine, qu'il aimait profondément. Il les rejoint à Bad Kissingen, la ville d'eaux où se retrouve l'été l'aristocratie. On l'admire dans les bals, aux promenades à cheval où il se montre au peuple sans économie, on le fiance chaque jour à de nouvelles princesses énamourées. Louis n'y prend pas garde, tout entier attaché à sa proie. Wagner en arrive à se sentir dépossédé de lui-même.

À chaque instant son travail peut être interrompu par un appel impérieux de son jeune admirateur. Il sent qu'il a besoin maintenant d'être protégé de lui au risque de tout perdre. Alors il fait appel à celle dont la dévotion n'a pas de limite. Il invite Cosima von Bulow à le rejoindre sur les bords du lac de Starnberg.

Celle-ci qui, semble-t-il, n'attendait que cela, s'installe chez lui avec ses deux filles mais sans son chef d'orchestre de mari. Elle est amoureuse du compositeur et avec son caractère altier, se donne à lui, sans souci du qu'en-dira-t-on. Elle fait preuve d'une force de caractère inflexible. Organise une barrière de défense autour de son génie. Louis ne comprend pas bien, ou ne veut pas comprendre, ce qu'il se passe. Il envoie des présents somptueux, c'est Cosima qui remercie. Il écrit à son idole, c'est Cosima qui répond. Les demandes d'argent affluent de la Briennerstrasse, c'est encore Cosima qui vient toucher les sommes énormes qui entretiennent le train de vie de Wagner et de cette nouvelle famille. Les milliers de florins pleuvent sans discontinuer. Louis ne peut croire qu'il y ait quoi que ce soit de charnel entre Cosima – mariée à von Bulow – et Richard Wagner. Il donne, il continue à donner, les mains grandes ouvertes. C'est sa fierté, son bonheur, sa fidélité, sa gloire.

Il a bien senti que le rôle de Cosima est de plus en plus fort auprès de Wagner, il est jaloux de son « amitié » pour le compositeur. Il la trouve exigeante, doucereuse, envahissante. Mais le roi frémit d'orgueil.

Cosima s'est donnée totalement. Louis le sait, « on ne descend pas impunément du banquet des dieux dans le monde des mortels ». Mais Louis avait écrit à Wagner : « Aucun lien ne vous retiendra, c'est librement et sans entraves que vous vous donnerez tout entier à votre art souverain. » C'est écrit noir sur blanc. Wagner veut maintenant un théâtre, une école pour y enseigner « la musique de l'avenir ». Louis est dans une impatience toujours plus grande. Il ne supporte plus le contact du quotidien. Les visites quotidiennes de la reine mère chaque matin lui deviennent pesantes. Il a de moins en moins de rapports avec les ministres. Ils attendent parfois des heures avant d'être reçus. La décoration de la maison de la Briennerstrasse compte davantage à ses yeux que cette ennuyeuse question de la guerre austro-prussienne. Les factures que le compositeur fait parvenir à Pfistermeister sont de plus en plus lourdes. Il nage maintenant dans un luxe ostentatoire. Les souvenirs de Louis Ier et de Lola Montez sont encore dans tous les esprits. Louis II aurait-il trouvé son « Lolus » ? se demande-t-on dans la presse.

Non, mais rien n'est simple avec Louis. Tout s'enracine dans les premières angoisses qui l'ont un jour terrassé. En particulier cette ceinture de chasteté psychologique que l'on a incrustée dans son esprit avec une férocité implacable. Pas de sexe. Et surtout pas de sexe avec des hommes. Devenu majeur, Louis possède maintenant ses appartements privés à la Residenz, à Munich. On lui assigne trois officiers qui constituent sa maison.

L'un de ces aides de camp, le prince Paul de Tour et Taxis, qui, par sa charge, se trouve sans cesse auprès de

Louis, déclenche en lui un attachement passionné. On le dit droit, de bonne éducation. Il fait partie de la cour de Bavière car son frère a épousé une sœur d'Élisabeth d'Autriche. Il a deux ans de plus que Louis. Ils font des séjours ensemble sans gardes du corps dans les montagnes de Berchtesgaden ; ne se quittent plus jour et nuit. Ou s'écrivent juste après s'être séparés tard dans la soirée. Les propos qu'ils échangent ne laissent pas de doute sur la nature de leur lien.

Paul écrit dans une de ses nombreuses lettres : « Comme mon cœur a battu en passant devant la Residenz quand j'ai vu de la lumière à votre fenêtre ; à présent je suis calme et je vais dormir tranquillement en rêvant à vous. » Il fréquente chaque jour les appartements du jeune roi où les bustes de Marie-Antoinette et de Lohengrin se mêlent à toutes les représentations possibles du cygne. Les deux jeunes gens s'enthousiasment et s'édifient l'un l'autre à propos de la légende. Ils vont de rêves de beauté et de grandeur en recherche d'absolu. Paul est le chevalier au cygne. Louis, le cygne. Mais le cygne s'enflamme, il est prêt à s'envoler pour de longues escapades avec son ami. Paul tente de freiner ses ardeurs : « Ayez confiance en l'avenir, Dieu nous réunira tôt ou tard, écrit-il. (...) Il m'arrive souvent de souhaiter être sans cesse à vos côtés pour vous empêcher de vous tourmenter trop cruellement. »

Louis a déjà des velléités d'abdication. Mais un peu plus tard, Paul est soulagé de voir que son ami, qu'il appelle « son jeune écervelé », « a la ferme intention d'affronter l'avenir avec courage ». Ainsi il leur arrive de devoir se quitter brièvement pour une obligation officielle qui requiert la présence du roi. C'est alors un vrai déchirement. « Je dois avouer, écrit Paul, que pendant que je vous faisais mes adieux à la gare, j'avais les larmes aux yeux. Je n'ai cessé de penser à vous depuis. Je me demande souvent ce que vous faites et si vous pensez à moi… Je porte toujours la chaîne que vous m'avez donnée. »

Le spectre de l'abdication semble éloigné. Paul respire. Lui qui est l'aîné, de quoi ne l'aurait-on pas accusé si Louis avait renoncé au trône pour vivre libre, comme il en a déjà l'intention ? Son aide de camp est trop coutumier des familles princières pour ignorer que le statut de souverain n'autorise pas tout. N'autorise en fait rien de ce qui ne concerne pas purement la politique. Paul de Tour et Taxis conserve les formes d'un respect dû à son roi. Il révère la fonction de toute éternité et tâche désespérément de ramener Louis à la raison. C'est pourquoi les jeunes gens s'écrivent beaucoup, bien que les lettres enflammées du roi n'aient pas été conservées. On les devine seulement au ton de celles de Paul. Cela devient un amour à distance, une passion imaginaire dont Louis se voit contraint, dans les miasmes de l'angoisse, de résoudre la sexualité, seul. Comme il le fera toute sa vie. C'est un amoureux de l'amour. Mais il ne « voit » pas ce qu'un homme et une femme peuvent bien faire dans un lit ensemble ! Il fuit dans ses montagnes, courant après les amours impossibles qui le fascinent.

Un jour, dans la vallée du Watzmann, il voit un jeune bûcheron couper du bois, le torse nu. Son imagination s'emballe, il demande qu'on le prenne en photo, s'approche, lui donne un baiser, et lui offre les boutons de manchette en or qu'il porte aux poignets.

Auparavant il s'est déjà pris de passion pour le chanteur Albert Niemann qui interprétait le rôle-titre de *Lohengrin*. Il lui a fait livrer des brassées de fleurs et des bijoux pour lui prouver son admiration.

Tout se mêle dans l'esprit de Louis, Lohengrin, l'amour, Wagner, la sexualité interdite. Il serait bon que tout ceci disparaisse derrière la charge politique. Mais Louis fuit. De plus en plus il s'engage, il s'adonne à sa passion des opéras. Imprudent et hypnotisé par le génie wagnérien, la force de conviction de son aîné de trente ans, l'exigence insatiable, la démesure, la séduction rouée de cet homme chahuté par la vie. Forban, pirate, voleur à ses heures, mais porteur d'une œuvre grandiose qui explose par tous les pores de sa peau tannée.

6

WAGNER LE DIABOLIQUE

Wagner donne à Louis l'impression de vivre son rêve. Il l'enivre de grands projets, de paroles nobles, de promesses radieuses, et surtout le convainc que son art repose entre ses mains. De lui, tout dépend. Sans moyens financiers le compositeur est damné. Il exige des moyens illimités. Louis ouvre les mains. L'argent coule à flots. Il achète la beauté, la pureté, la grandeur, qui n'existent pas sur terre. Il l'a compris depuis toujours. Il se reconnaît, ébloui, dans la vision théâtrale du vieil enchanteur. Il est d'une gratitude infinie envers celui qui va lui permettre de vivre, sans vivre. Pour ce mirage, il est prêt à tout donner. Sans compter. Confiant en ce mensonge. « Quand je puis me dire, il est content grâce à moi, écrit-il, j'en suis profondément heureux et je me sens emporté si haut, par de délicieux sentiments, qu'il me semble posséder le ciel sur la terre. »

Tout ce qu'il a voulu exprimer se trouve dans l'œuvre de l'« unique ». Il y trouve sa propre pensée, en grand, en clair. En faux. La musique qui porte les légendes le fait plus grand que nature. Il lui dit : « Tant que vous vivrez la vie sera pour moi heureuse et magnifique. Je vous envoie ma photo, persuadé que, de tous ceux qui me connaissent, vous êtes celui qui m'aime le plus. En la regardant souvenez-vous que je suis vôtre avec un amour qui durera éternellement et que je vous aime avec plus de feu qu'il n'est possible d'en trouver dans le cœur d'un homme. »

À quoi Wagner réplique dans une lettre à Eliza Wille : « J'ai maintenant un jeune roi qui m'aime d'une façon frénétique. Il me dit qu'il ne peut encore croire de m'avoir vraiment à lui. Les lettres qu'il m'écrit, personne ne peut les lire sans étonnement et ravissement… »

Oui, mais il écrit aussi ensuite : « Pourrai-je renoncer tout à fait au féminin ? Avec un profond soupir je dis non, et pourtant je devrais presque le souhaiter ! Un regard sur sa chère image m'est de nouveau secourable ! Ah ! L'adorable être ! »

Mais la réalité est tout autre. Le désir des beaux corps masculins court dans le sang du roi et le ramène sans pitié vers les désirs de sa chair. Quant à Wagner, « le féminin » l'a déjà rattrapé en la personne de Cosima von Bulow.

Elle s'est installée, avant son chef d'orchestre de mari, Hans von Bulow, sur le lac de Starnberg, avec ses deux filles. Elle noue une relation amoureuse avec Wagner qu'elle adule. Dès sa jeunesse elle a entendu parler de Wagner comme d'un génie. Elle s'est donnée corps et âme à celui qui représente sans doute l'image glorieuse du père.

Avec son caractère entier et fougueux, elle se dévoue sans compter à ce maître dont elle prend la vie en main. Elle lui appartient désormais entre orgueil et insolence, bravant les valeurs bourgeoises avec un mépris absolu du qu'en-dira-t-on.

Le narcissisme wagnérien s'accommode parfaitement de cette dévotion. Il la considère comme vitale. Cosima est maintenant le chemin obligé pour atteindre le compositeur. Plus personne ne peut l'approcher sans passer par elle. La presse se gausse de cette situation : un chef d'orchestre fameux dirige les opéras de celui qui le fait cocu officiellement. On parle par allusions acides. La Cour se tait mais n'en pense pas moins. Le scandale est public. Sauf pour Louis II qui ne sait rien et semble le vrai trompé dans l'affaire.

Avec cette nouvelle fortune qui lui échoit, Wagner voit revenir ses anciens amis, Nohl, l'historien, Porges le musicologue, exégète de sa musique, Schmitt, le professeur de chant à qui Wagner veut confier la réforme de la nouvelle école de musique, et puis... von Bulow, qui rejoint son épouse et va bientôt être nommé Kapellmeister du roi. C'est donc un ménage à trois qui va défrayer la chronique du monde musical pendant plus de cinq ans. On dit qu'à la mort de Wagner, vingt ans plus tard, Bulow dira à Cosima : « Cours vite épouser Brahms, c'est lui maintenant le plus grand compositeur vivant. »

Pendant ce temps, au plus fort du bruit qui se répand, Louis est à Bad Kissingen, pour prendre les eaux avec les souverains d'Europe. Il y retrouve l'empereur d'Autriche et l'impératrice Élisabeth, sa cousine germaine qu'il aime profondément. Elle est sa confidente la plus proche. Il a perdu Sissi, élevée à Possenhofen, près du lac de Starnberg, le jour où elle a épousé François-Joseph. Ils se retrouvent cependant dans l'île aux Roses où ils se confient l'un l'autre. Une lettre de Louis II à sa cousine décrit le lien qui les unit : « Nos âmes, je crois pouvoir le démêler, ont une part assez étroite dans la haine commune que nous portons à toute bassesse et à toute injustice. Un jour viendra où je ferai la paix avec cette lourde terre ! Cela arrivera lorsque toutes les essences de mon idéal seront consumées à jamais, et éteints, ces élans, dont je nourrissais le feu sacré... Mais je ne le souhaite point. Je veux demeurer pour moi et pour les autres une éternelle énigme. Vous m'êtes précieuse et chère, et vous le resterez, car je sais que jamais vous ne douterez de moi. »

Il fait de longues promenades à cheval avec Élisabeth. On voit auprès d'Élisabeth, sa sœur Hélène qui a épousé un prince Taxis et la petite Sophie qui vivra un si cruel épisode avec son cousin Louis un peu plus tard. Louis présente ses hommages à la tsarine qui le fascine. Pas de danger, elle pourrait être sa mère.

Lorsqu'il rentre de Kissingen, il n'imagine même pas qu'il y ait entre Richard et Cosima le moindre lien illicite puisqu'elle est mariée à von Bulow. Il la considère comme la secrétaire privée qui s'occupe des affaires courantes. Mais elle lui est antipathique. Il sent que cette femme au caractère impérieux exige encore plus qu'il ne peut donner, lui qui donne sans cesse. Elle est sans beauté et ses missives au baron Pfi, comme le surnomme Wagner, sont empreintes d'une certaine brusquerie. Elle demande, elle semble même exiger, les moyens de vivre indépendant et libre pour celui qui est son amant.

Wagner écrit au roi qu'il désire se lancer dans la composition du *Nibelungen*. Pour cela, il lui faut de l'argent, toujours de l'argent. Louis II répond sans délai : « Ô joie de cette pensée ! Je ferai tout mon possible, de quelque façon que ce soit, pour contribuer à la réalisation de votre dessein. Je vous ferai bientôt donner des précisions à ce sujet. Je me réjouis également d'assister à des représentations de *Lohengrin*, de *Tannhäuser*, de *Tristan* et des *Maîtres chanteurs.* »

Wagner se goberge : « C'est un ange toujours plus beau. Je suis presque tenté de m'agenouiller et de l'adorer », dit-il en parlant de Louis. Évidemment le roi lui envoie 18 000 florins pour la Tétralogie, qu'il mettra dix ans à terminer. Il lui alloue 8 000 florins de pension annuelle. En verse 16 000 autres à des créanciers en colère.

Un théâtre qui sera le temple de l'art wagnérien, sera construit à Munich. Semper en sera l'architecte. Et Fröhel lancera un journal de musique pour soutenir les opéras de Wagner. Louis II est en extase. Une impatience frénétique le possède. « La conscience de la grande cause que nous servons nous fortifie… Le drame, incarné dans sa perfection, doit naître par nous. » C'en est fait, il a dit « nous ». Il marche dans les nues. À la Briennerstrasse, Richard Wagner et « sa » petite famille nagent dans le luxe. Ce ne sont que soieries, velours, meubles de prix, bombances avec ses nouveaux collaborateurs. Livraison d'un magnifique piano à queue, ballets incessants des fournisseurs, tapissiers, décorateurs et sculpteurs. Tout cela sous la férule de Cosima. On dit que son luxe tapageur dépasse celui d'une courtisane. Wagner proteste : « Je ne suis pas Lola Montez. » Pourtant la presse l'affuble du sobriquet de « Lolus ». Les badauds munichois peuvent entendre les cris perçants du couple de paons blancs que Louis II a fait porter dans le jardin de l'hôtel particulier du compositeur.

Une première campagne se déchaîne contre lui. On peut lire dans le journal quotidien : « Ce qu'il entend par confort de vie courante provient d'une nature si monstrueusement sybarite que même un pacha aurait quelque dégoût de vivre chez lui et de manger à sa table. »

Wagner fait peindre son propre portrait pour une somme considérable. Louis paye toujours. Mais les gardiens du Trésor public commencent à voir rouge lorsque le compositeur demande un emprunt pour la construction de son école de musique. Ils sont scandalisés lorsque le roi accorde l'« emprunt » de 40 000 florins.

Les milieux politiques savent que l'influence de Wagner sur le roi n'est pas seulement artistique, elle est aussi politique. Il se déclare partisan de la grande Allemagne – chose dont les indépendantistes bavarois ont une sainte horreur – et rêve de voir la couronne impériale posée sur la tête de son cher mécène. « L'idéal de mon art, écrit-il, est étroitement lié à la renaissance et à la grandeur de l'Allemagne. » Et évidemment à la toute-puissance de Louis.

Mais il y a plus grave. Les bruits ont couru. Maintenant Louis sait que Mme von Bulow est la maîtresse de son dieu et qu'elle est même enceinte de lui. L'idéal s'écroule. Ce génie ne serait qu'un noceur. Louis est crucifié. Il entrevoit le spectre hideux de la trahison. Quelle trahison ? Il n'y a rien de sexuel entre eux, malgré les serments d'amour réitérés. Tout le monde sait, excepté le roi et Bulow, l'époux consentant, que cette union est destinée à durer. Puéril et désespéré, Louis s'écrie : « Je ne peux pas, je ne veux pas croire, que leurs rapports dépassent les limites de l'amitié… » et à Paul, il écrit : « Si les tristes rumeurs étaient vraies, s'il s'agissait vraiment d'un adultère, alors, hélas, hélas… »

Blessé, Louis se tourne vers la politique ; ce qui est mauvais signe. Il choisit trois nouveaux ministres dont Pfordten, nommé aux Affaires étrangères, en même temps que chef du gouvernement. Ce dernier a connu Wagner en révolutionnaire à Dresde, en 1848. Il peut ressortir de vieux dossiers défavorables au compositeur. Il s'allie au baron Pfi pour instruire un procès contre Wagner.

Le roi n'a plus le temps de recevoir son idole. Lorsque Wagner se présente à la Residenz, stupeur, il est éconduit. Louis ne s'est pas montré lors de plusieurs représentations de *Tannhäuser*. Un écho de disgrâce court dans les rues de Munich. « Je ne trouve hélas pour moi-même que de courts instants... Je brûle du désir de vivre le retour de ces heures tranquilles et bénies de l'année passée... », explique-t-il, désolé mais intraitable.

Très vite les soucis politiques lui font à nouveau horreur. Wagner a compris qu'il faut redresser la situation sans tarder, craignant de tout perdre. Il fait donner un concert enchanteur dans le théâtre de la Residenz, donc pratiquement pour Louis II seul, où le roi peut entendre le prélude de *Tristan*, des extraits des *Maîtres chanteurs*, de *La Walkyrie* et de *Siegfried* qui sont encore inachevés.

Immédiatement Louis fait porter un message à Wagner où il écrit : « Je suis transporté, bouleversé par l'admirable soirée d'hier et il me faut céder à la voix intérieure qui me presse de vous dire que la béatitude dont vous me comblez n'a pas de nom dans le langage humain. J'étais emporté dans les sphères supraterrestres, je respirais les voluptés inexprimables, mais pourquoi tenter de vous décrire cette béatitude ? Les pauvres mots sans musique n'y peuvent suffire. »

La presse, cependant, entame une campagne contre l'« étranger ». Il est traité de vieux Méphisto. On peut lire ces mots menaçants concernant Wagner et sa suite : « S'ils persistent à s'interposer entre nous, les Bavarois, et notre bien-aimé roi, mieux vaudrait qu'ils partent le plus tôt possible. »

Louis II, toujours fidèle et collé à son rêve, écrit pourtant encore à Wagner : « Les créatures myopes et misérables qui parlent de disgrâce, ne peuvent concevoir la nature de notre amour. Elles ignorent que vous m'êtes tout, que vous l'avez toujours été, que vous le serez jusqu'à ma mort, et que je vous ai aimé avant même de vous voir. »

Wagner n'a cure des ragots, sa botte secrète, c'est le bonheur que ses opéras procurent à Louis II. Il a décidé de préparer en priorité des représentations de *Tristan*, l'opéra de tous les envoûtements. Mais, rusé comme pas deux, il s'enquiert humblement auprès du roi de la nécessité, ou non, de s'exiler de Munich pour faire cesser la cabale qui se déchaîne contre lui. « Dois-je partir ? Dois-je rester ? écrit-il le 11 mars 1865, ce que vous voulez je le veux. Mais ceci doit se décider aujourd'hui, car les forces de mon âme sont tendues à l'extrême. »

Il avait déjà écrit le 9 mars une lettre encore plus déchirante :

« Seul l'Ami peut rompre le charme, lui seul peut me dire : "Pars". Moi, je ne le puis. Que me faut-il penser et faire ? Je sais que la haine ne m'offrira aucune issue. Seul l'amour le peut. L'amour sublime et sacré que je porte à mon ange. Je ne puis haïr. Le sentiment le plus fort que je puis éprouver en ce sens est le dégoût. » Puis le séducteur conclut : « Il me faut conquérir la libre jouissance sans entraves de la présence enivrante de mon Ami, de mon Roi plein de grâce. »

Louis est blessé. Il a du mal à supporter les attaques portées contre celui qui est tout pour lui. Car il aime son peuple de Bavière et son peuple l'aime. Wagner a dépassé les bornes. Mais le jeune homme – il n'a que vingt ans – reste fidèle à son rêve et, douloureusement, il écrit à Richard Wagner : « Je dois avertir mon Unique que des circonstances dont je ne peux à présent me rendre maître me créent l'implacable nécessité et m'imposent comme un devoir sacré de renoncer pour le moment à nos entretiens. J'espère fermement en un temps plus heureux où nous pourrons comme autrefois nous parler et nous voir. Les entraves pénibles se desserreront. Courage ! Tout va bien ! Qui eût pu concevoir ou même pressentir un sort aussi cruel ? L'amour est tout-puissant. Nous vaincrons.

Éternellement.

Louis »

Et puis enfin, ne renonçant jamais, Louis lui écrit : « Restez. Restez ici. Tout sera magnifique comme avant. »

Non. Rien ne sera plus jamais comme avant. Dans sa vie un soleil noir s'est levé. Qu'il voudra tenir en respect par des rêves encore plus fous.

7

TRISTAN

Et 1865 sera l'année de *Tristan*. L'opéra de l'amour. Comme si cette apparence de brouille avait en fait donné l'occasion aux deux amis de raviver leurs sentiments mutuels. Car enfin, il suffit de lire les lettres qu'écrit Richard Wagner à ce moment. Elles sont édifiantes dans leur exubérance. Wagner, au bord du suicide, a rencontré celui qu'il appelle « l'ange ». Il fait le rapprochement avec les héros de son *Tannhäuser*. « Les larmes de compassion d'Élisabeth ne sauraient être séchées que par le salut de l'âme du bien-aimé. Le salut de l'un n'existe que dans le salut de l'autre. »

Et il ajoute le 24 mars 1865 : « En vous une nature trop riche et tout idéale aspire à la réalisation des promesses en fleur... Le temps de la séparation aura été celui de l'épreuve. Ce n'est qu'au cours de cette période que j'ai entièrement réalisé ce que vous êtes pour moi... Ce que doivent être pour vous le monde, la famille, la haute mission de votre vie, un ami, peut-être et, un jour, la femme de votre choix, je n'ai pas à l'être… Ce qui vous inquiète n'est autre que la plénitude de la richesse de votre esprit, car le soleil ne peut rien éclairer qui ne soit déjà contenu dans la nuit. » Le « soleil » étant lui.

Puis le 20 avril : « Aucun mot ne saurait définir la merveilleuse relation qui nous unit l'un à l'autre. Que ne puis-je mourir au soir de mon *Tristan*, mon dernier regard perdu dans vos yeux, et votre main étreignant une dernière fois la mienne.

Ami bienfaisant et divin, profonde – profonde – est la raison de notre amour.

Souffrant mais heureux, éternellement vôtre,

Richard Wagner »

Pour cette période il ne nous reste aucune lettre de Louis adressée à Wagner, jusqu'au jour enchanté de la représentation du *Tristan* qui le transporte au Nirvana. Mais ce ne fut pas simple.

Tandis que l'Allemagne suit avec anxiété la discorde qui fait rage entre l'Autriche et la Prusse à propos du Slesvig-Holstein, à Munich, il n'est question que du nouveau chef-d'œuvre wagnérien qui se prépare.

Hans von Bulow épuise les musiciens par vingt et une répétitions, conduites, selon la presse, « avec toute l'arrogance et la grossièreté d'un Prussien » dans la petite salle du théâtre de la Residenz. Les caricaturistes s'en donnent à cœur joie, le montrant comme un diable déchaîné, à la direction d'orchestre. Affalé sur son pupitre, tendu comme une corde de violon, les deux bras levés, ou cambré comme un toréador prêt à la mise à mort, majestueux, le poing sur la hanche, douloureux, enflammé, mais toujours, ridicule, le lorgnon sur le nez et la barbiche en bataille. La presse n'épargne rien ni personne. Au besoin elle en rajoute. Lorsque Bulow traite de « porcs » les trente spectateurs qu'il faudrait supprimer pour que son orchestre ait de la place, le baron Pfi manque de s'étrangler et la gazette de Munich le rapporte sans délai. D'ailleurs Louis veut que l'œuvre soit donnée à l'Opéra royal de Munich dont l'amplitude lui semble plus adaptée à la dimension du *Tristan*. Wagner d'abord ne semble pas d'accord. C'est pourtant le roi qui l'emportera.

Le 10 avril, pour la première répétition en costume devant un public de journalistes, au théâtre de la Residenz, une naissance plus sensible a lieu. Cosima donne le jour à une petite fille que l'on nomme Isolde. Louis apprendra bien plus tard que son père est Wagner lui-même. Les répétitions se poursuivent. Le compositeur exalté s'occupe de tous les détails. Il dirige les chœurs, il supervise les décors, mais surtout il contemple, ébloui, le grand ténor Schnorr von Carolsfeld qu'il a tant redouté de ne pas avoir.

Au moment de la distribution il écrivait à Louis II : « Il est très important que les généreux efforts de mon royal bienfaiteur réussissent à nous obtenir le chanteur Schnorr, cet artiste si aimable et si doué. » Car *Tristan* était jusqu'alors l'opéra réputé injouable par l'étendue de la puissance vocale nécessaire. De longues périodes exténuantes où se perdaient les interprètes. Tous renonçaient.

Mais à Louis rien d'impossible lorsqu'il s'agit de son rêve. Il répond dans la foulée : « J'ai écrit au roi de Saxe pour qu'il nous prête le chanteur Schnorr et lui donne le mois prochain un congé de dix ou douze jours. Peut-être, par la suite, réussirons-nous à l'attacher définitivement à Munich. » Il a déjà intégré le projet de faire construire ce fameux théâtre uniquement dédié aux œuvres wagnériennes. « Il faut à votre œuvre incomparable une scène digne d'elle. Souhaitons que nos efforts, en vue de trouver des chanteurs consciencieux et dramatiques, soient couronnés de succès. »

Semper, compagnon de révolution du compositeur en 1848, sera l'architecte de cet édifice qui annonce le grand théâtre de Bayreuth. Dimensions colossales, marbre et portiques sont prévus.

Après encore bien des soucis de tous ordres, dont l'attribution du rôle d'Isolde à Malvina von Carolsfeld, la femme de Schnorr, la première est fixée au 15 mai. Pour ronger son impatience Louis vogue sur le lac de Starnberg en compagnie de son ami Paul de Tour et Taxis et de Wagner, lorsque celui-ci accepte de quitter les répétitions une après-midi. Il a débaptisé son petit yacht *Maximilien* en le nommant le *Tristan*, écrit en larges lettres sur la coque.

Le 11 mai Louis II assiste, en secret, à la représentation. Pour satisfaire à l'idole, ce même jour il promulgue une amnistie générale concernant les participants de la révolution de Dresde. Richard Wagner en tête. C'est un geste délicat pour celui dont la réputation est ternie par ses actions passées. On ne manque pas d'y voir son influence politique sur le roi. Pfordten n'a pas oublié que Wagner a publié en 1850 un essai sur l'« Art et la Révolution ».

L'opinion reste hostile. Le lendemain tout Munich bruisse de la représentation de cette « musique de l'avenir » qui en décoiffe plus d'un. Une fameuse violoniste, Mme Kaulbach, écrit à son mari : « Il s'agit d'une passion qui se transforme en rage. Quant au chant, des cris et des hurlements ! Les chanteurs rugissent, tonnent, gémissent, tandis que l'orchestre les accompagne dans la plus invraisemblable cacophonie ! » Pour les adeptes de Mozart, effectivement c'est une révolution.

Louis attend le jour de la première dans un état d'exaltation maximum.

Enfin le 15 mai, n'y tenant plus, il écrit à nouveau à Wagner : « Jour ineffable. Tristan ! J'attends le soir dans une joie inexprimable ! Aujourd'hui, aujourd'hui ! Comment y croire ?... Malgré ma fatigue, Tristan me guérira. L'air divin du mois de mai à Berg achèvera de me rendre mes forces... Les projets de Semper me causent une vraie joie. Espérons que le projet de l'édifice monumental de l'Avenir ne se fera pas trop attendre. Tout doit être accompli. Je ne céderai pas. Le rêve le plus hardi sera réalisé. Né pour toi, élu par toi. Telle est ma tâche. »

Et puis soudain coup de tonnerre. « La première n'aura pas lieu » annonce-t-on sur la porte du théâtre ! Sans autre forme d'explication.

Wagner est effondré. S'agirait-il d'une cabale montée contre lui par les ministres Pfordten et Pfistermeister qu'il a surnommés les barons « Pfi » et « Pfo » ? Car enfin la journée a très mal commencé. Julie Schwabe, une Française qui lui avait prêté une forte somme d'argent lorsqu'il était à Paris sans un sou, a débarqué chez lui sans tambour ni trompette pour lui réclamer sa dette. Il risque la prison s'il ne s'acquitte pas le jour même, car les huissiers sont là. Bien sûr Louis II dépêche la somme dans l'urgence et Wagner est sauvé. Mais il est passé au plus près de la crise cardiaque.

Encore frappé de stupeur, il apprend dans l'heure qui suit, de la bouche même de Schnorr, que Malvina est aphone et ne pourra pas chanter ce soir. Un bain de vapeur brûlant lui a provoqué une extinction de voix. Ah bon !

Curieux ! Et de surcroît on lui envoie des nouvelles alarmantes de la santé de sa première femme Minna. C'en est trop : « Je ne vaux plus rien pour ce monde, écrit-il au roi, ma vie a été trop longtemps livrée à la bassesse humaine. » Il traverse une crise de paranoïa aiguë que l'on peut comprendre. Louis, en revanche, ayant jugé de la duplicité d'un être à la fois génial et tortueux, lui répond avec une sagesse au-dessus de ses vingt ans :

« Ne haïssons point ceux qui respirent dans le désert du jour, mais plaignons-les, nous, les forts qui planons dans l'enivrement des grands espaces nocturnes. Ils ne peuvent nous atteindre ces obtus. »

Une certaine réserve que lui impose l'attente de *Tristan* se fait jour dans ces propos. Il reste affable même si on lui a rapporté qu'il arrivait que Wagner le traite de « petit garçon ». Et c'est lui qui ajoute : « Ne désespérez pas. Pratiquer l'oubli est une œuvre de noblesse. »

Le couple des Schnorr quitte Munich en attendant que Malvina se rétablisse et Louis, discret, s'enfuit au château de Berg.

Wagner avait déjà écrit à son amie Mme Wille : « Je subis la terrible grossièreté de l'entourage et lui, domine tout sagement avec un infaillible instinct ! Plaise à Dieu qu'il prospère et réussisse ! Alors enfin la nation allemande aura le modèle dont elle a besoin, un tout autre que Frédéric II et son Voltaire ! » Louis ne reviendra à Munich que pour la première prévue le dimanche 10 juin. À l'Opéra royal, comme il l'a exigé.

Ce jour-là, le théâtre est comble. Les wagnériens sont venus de toute l'Europe. Les statues, les torchères brillent de tous leurs ors. Le prince Luitpold, le duc Max et la duchesse Ludovica de Bavière, le prince Léopold, Louis-

Guillaume… et, indicible bonheur, Louis Ier, le grand-père de Louis, qui avait abdiqué en 1848, est présent, comme pour saluer le triomphe de son petit-fils sur la bourgeoisie chagrine de Munich. Édouard Schuré, critique musical, écrit dans son *Richard Wagner, un drame musical* : « Le jour tant désiré arriva. La salle était bondée. Le roi, âgé de vingt ans, parut seul, en costume civil, dans la grande loge royale surchargée de dorures. À ce moment, il rayonnait d'une beauté merveilleuse. Ses traits fins d'adolescent, son front bombé, encadré de cheveux bruns et bouclés, ses grands yeux bleu foncé, dont le regard était toujours dirigé vers le haut, brillaient d'un doux éclat. Toute sa personne respirait une exaltation calme et le plus pur enthousiasme. Des fanfares bruyantes, des vivats répétés le saluèrent. Mais les yeux perdus dans son rêve, il semblait ne pas voir la foule qui l'acclamait. »

Sur les deux mille spectateurs, les thèmes du désir et de la mort s'élèvent jusqu'aux cintres. Une longue vague interminable et poignante parcourt l'assistance. Puis c'est la plainte d'Isolde, le breuvage envoûté, le désir impossible qui irrite l'ardeur, la passion qui dévaste, avec pour seule délivrance, la mort.

Lorsque Tristan à l'agonie, chante le pays de son enfance, celui du rêve et de l'innocence, et que Isolde lui répond : « Se dissiper dans l'haleine et le souffle du monde. Noyée, absorbée, ô inconscience, suprême joie… », touché au cœur, Louis tressaille de tout son être.

À Wagner qui a suivi, très pâle, la représentation dans les coulisses, il écrit le soir même une courte lettre haletante où son trouble paraît. Les mots trébuchent sous sa plume comme atteints de folie :

« Unique, Bienheureux.
Ineffable plénitude – sombrer blessé d'extase – inconscient – volupté suprême.
Œuvre divine.
Éternellement. Fidèle par-delà la mort,
10 juin 1865 »

L'opéra que l'on disait injouable, vient de l'être.

Les « vieux chants du désir » ont subjugué la salle. Le triomphe est total. Les rappels se succèdent lors des représentations suivantes, les 12 et 13 juin. Louis y assiste dans la même exaltation. Il aimerait entendre l'œuvre en continu jour et nuit. « Je suis embrasé du désir d'une autre représentation », écrit-il le 12 juin. « Vous et Dieu », lui dit-il. Quant à Wagner, il ne craint pas de répondre sur le même ton : « Mon symbole c'est vous, mon saint Parsifal, mon suprême, mon ultime bonheur, mon roi, mon ami, mon Siegfried vainqueur… Vous mesurerez un jour la portée de ce que *nous* avons réalisé là… *Notre Tristan* ! »

Le rusé homme, il sait qu'il ne peut rendre Louis II plus heureux qu'en en faisant le cogéniteur de son œuvre. C'est un peu vrai. Entre les textes des opéras écrits par Wagner et celui des lettres qu'ils échangent, tout s'enchevêtre. On distingue mal le vrai du théâtral.

8

DEUILS ET RUPTURE

Lorsque le roi Othon, oncle de Louis II, vient assister à la troisième représentation du *Tristan*, son neveu le laisse seul dans la loge royale. Il ne peut pas imaginer entendre « son » opéra assis à côté de ce représentant du pouvoir. Mais le 1er juillet, pour la quatrième soirée, il entend encore une fois *Tristan*, dernière de cette série de représentations. L'écho en résonne dans toute l'Europe, en France comme ailleurs. Puis, la nuit même, après les cinq heures de spectacle, il monte sur son train spécial bleu et or, grimpé à l'avant de la locomotive pour que l'air froid de la nuit le désenivre. Il file vers le château de Berg sans avoir revu quiconque, emportant le trésor de son émotion comme un viatique.

C'est pour la dernière fois que Schnorr a chanté sa partition. Le lendemain il quitte Munich pour Dresde où il est terrassé par une violente crise de rhumatisme. Il meurt le soir même en bénissant Wagner. On en profite pour faire courir le bruit que le compositeur porte la malchance. Il est vrai que Wagner reçoit ce coup du sort comme si à un bonheur devait obligatoirement succéder une épreuve. Il constate avec amertume : « Bien des fibres du fil de ma vie sont déjà déchirées. »

Puis c'est au tour de l'ancien précepteur de Louis II, le comte de la Rosée, d'entrer en agonie. Louis se rend auprès de celui qui représente à ses yeux un des derniers témoins de son enfance. Il lui semble que la mort l'environne. Entre la perte de Schnorr et celle de son précepteur, il a l'âme en deuil. Un désir cuisant de s'éloigner du monde l'habite maintenant comme une nécessité. Les cabales contre son idole l'ont profondément atteint mais lui ont aussi ouvert les yeux sur l'ambivalence du personnage. Il reste néanmoins fondu de générosité envers lui. Il ne renoncera jamais à sa passion, aussi cher que cela doive lui coûter. Ses illusions ont commencé de s'évanouir mais pas son rêve.

Il court les montagnes du vaste domaine de Hohenschwangau, s'arrête au chalet de Pürschling, qu'il a fait aménager avec un luxe de tentures et d'objets de prix. Et repart aussitôt vers le château, ne tenant pas en place.

Wagner qui, au sein des épreuves, ne perd jamais de vue sa sécurité financière, demande au roi de lui verser la somme énorme de 200 000 florins. 40 000 maintenant et le reste placé en banque afin d'en percevoir les intérêts. Le baron Pfi lui rétorque vertement que le roi n'a plus l'intention de payer les dettes de Richard Wagner. Le ministre est outré d'une telle demande. Puis, revirement orchestré par Louis II, la somme de 40 000 florins lui est attribuée malgré l'opposition de la Chambre. Mais Cosima qui est chargée de recevoir le pactole, sera publiquement humiliée.

Lorsqu'elle se présente à la banque, le caissier lui apprend qu'il n'a plus de billets et qu'il se voit contraint de la régler en pièces de monnaie. On charge les quarante sacs prévus à cet effet dans les deux voitures stationnées dans la rue. La foule des badauds s'attroupe en ricanant ou en l'insultant. On sait maintenant de source sûre où part le Trésor public. Une escorte la raccompagne jusqu'à la Briennerstrasse. En toute discrétion ! Le ministère a eu sa vengeance. Les exigences de Wagner sont maintenant connues de tous.

La situation du roi devient de plus en plus délicate vis-à-vis de son peuple, au regard de ces ponctions faites dans les caisses de l'État.

Mais réfugié dans ses montagnes, la nostalgie de l'homme qui l'a envoûté le reprend. Wagner vient de lui envoyer, sans doute pour entretenir le feu, une première mouture du texte de *Parsifal* qui ne verra le jour que vingt ans plus tard…

Louis lui écrit : « Mon amour pour celui que j'aime d'une façon unique au monde devient plus ardent. Il est ma joie suprême, mon réconfort, ma foi, mon tout. Ô Parsifal, quand naîtras-tu ? Je l'adore cet amour suprême, cette fin et ce recommencement dans les douleurs de l'humanité. À quel point ce sujet s'est emparé de moi ! C'est un art sacré, une religion très élevée et très pure. Combien est grand le besoin que je sens de vous. »

Il lui dit encore : « Vous aimer signifie pour moi être le meilleur de moi-même. » Là-haut, dans les montagnes, il est tout à son rêve bien que la politique l'appelle. Il va devoir se résoudre à répondre. Mais encore quelques cris d'amour lui échappent.

Il raconte : « L'image de mon Unique voletait autour de moi, s'approchait encore plus près du regard de mon âme. Une image que mes yeux osaient à peine regarder. J'entendais les mélodies de l'ami divin presque dans le bruit du torrent. Ô Parsifal ! Je brûle de le désirer ! Tristan est né ! Les Niebelungen vivront. Parsifal naîtra, dussé-je en mourir… Ô Parsifal rédempteur ! »

Mais cet amour – sans doute un autre mot, inconnu en français, conviendrait-il mieux –, qui brûle dans le cœur du roi prend chaque jour un peu plus de hauteur vers les sphères mystiques. Car tandis que le jeune homme s'enflamme ainsi, son aide de camp et ami intime, Paul de Tour et Taxis, lui prépare une surprise. Sans doute emporté par la passion du roi, Paul s'est entiché de théâtre par amour pour lui. Il a appris le chant et veut monter sur les planches.

Cette nuit-là, de l'été 1865, il a organisé pour Louis une soirée de feux de Bengale et de fusées d'artifice qui retombent en pluie sur le lac Schwansee, en bas de Hohenschwangau. Dissimulé sous les frondaisons, un orchestre joue les thèmes de *Lohengrin*. Paul, debout dans une nacelle de bois dorée tirée par un cygne que traîne un treuil posté sur le rivage, entonne le chant du noble chevalier, déguisé en habit de théâtre bleu et or. Louis se laisse bercer. De loin, la silhouette de son ami lui évoque l'inconnu plein de grâce qui apparaissait et disparaissait sur les vagues dès que l'on cherchait à connaître sa vraie nature. Souvent Louis renouvellera ces féeries nocturnes pour sa cousine Élisabeth, sur le lac de Starnberg, lorsqu'il la recevra dans l'île aux Roses.

Le 12 novembre, Louis invite Wagner à le rejoindre à Hohenschwangau. « Nous pourrions, écrit-il, si cela vous est agréable, faire une promenade à une heure dans le Tyrol et aller demain prendre le repas de midi dans le petit chalet suisse construit par mon père dans une paisible vallée. J'ai rêvé si souvent jusqu'aujourd'hui de vous. Nous étions sur les bords du lac des Quatre-Cantons. Nous parlions. » Mais dans ce rêve, un bateau qui s'approche emporte Louis vers le large…

La musique de Wagner l'enchaîne à ses rêves mais il a de longs échanges avec lui sur la politique à suivre, dans les temps difficiles qu'il traverse. Une guerre entre la Prusse et l'Autriche se dessine peu à peu pour l'unification allemande. De quel côté la Bavière va-t-elle se ranger ? Quelles troupes doit-elle accepter d'envoyer ? Louis a la guerre en horreur. C'est le point ultime de sa répulsion. Mais il sait qu'il ne pourra fuir éternellement l'affrontement.

Il le sait si bien, qu'à cet instant c'est bel et bien Wagner qui s'illusionne. Louis est au courant des émeutes qui agitent sa capitale. La menace d'une révolution couve dans les rues de Munich. Au gouvernement, le baron Pfordten qui est pour la Prusse, ne peut régner à la place du roi. Les Bavarois ne l'accepteraient jamais. Les fêtes d'octobre qui sonnent la fin des travaux des champs à Munich, ont donné lieu à de sérieuses échauffourées. Le journal *Les Dernières Nouvelles de Munich* se plaint clairement de l'absence perpétuelle du roi et de son intimité grandissante avec Wagner dont il redoute l'influence. Louis II est effrayé par les désordres de la rue. Il n'a pas oublié qu'ils ont coûté le trône à son grand-père, Louis Ier. Il ne tient pas à sacrifier son destin à « la musique de l'avenir ».

Or Wagner vient d'écrire à Louis II une lettre, le 6 décembre, qui a profondément heurté le souverain, par son arrogance. Il dit « j'exige le renvoi du Chef de Cabinet », il dit « j'ai consulté un avocat », il évite de répondre sur les calomnies qu'il aurait prononcées sur le roi. On presse Louis II d'exiler le compositeur. L'article de presse qui a déclenché la colère de Wagner lui reproche ses perpétuelles demandes d'argent, son lien avec Cosima von Bulow. Le roi lui répond : « L'article que vous m'avez envoyé est honteusement écrit. Ô monde vil et corrompu ! N'attachez pas trop d'importance à ces affirmations misérables. »

Puis, *Les Dernières Nouvelles de Munich* publient une autre attaque contre le compositeur : « On sait maintenant que l'amitié du roi pour Richard Wagner n'est plus une simple fantaisie de jeune homme et qu'elle a pris une ampleur telle, que le musicien peut obtenir du roi tout ce qu'il veut en argent et pouvoir. » À quoi Wagner, en réponse, crée, tout seul, un « comité de défense de Wagner » qui reste anonyme ! Le texte virulent paraît dans la presse traitant les ministres avec mépris. Irrité, Louis écrit de Hohenschwangau, à Wagner : « Cet article des *Dernières Nouvelles* a été pour une grande part dans l'amertume qui a marqué la fin de mon séjour ici. Il a été écrit, sans aucun doute, par un de vos amis qui voulait vous rendre service. Il vous a malheureusement nui au lieu de vous servir. » Et il ajoute : « Ô mon ami, on nous rend tout terriblement difficile ! » Il sait qu'à la place de « on », il aurait pu écrire « vous ».

Maintenant Pfordten met Louis II en demeure de choisir « entre l'amour et le respect de son peuple et l'amitié de Richard Wagner ». Il n'a pas de mots assez durs pour qualifier l'attitude du vieil enchanteur, imitant en cela les articles de presse qui se succèdent à un rythme ininterrompu. *Le Courrier bavarois* publie une charge virulente contre Wagner :

« Le mal que cet étranger a infligé à notre pays, vu son appétit insatiable, ne peut se comparer qu'aux essaims de sauterelles qui pendant des mois obscurcissent le soleil. Mais ce n'est encore rien vis-à-vis de la catastrophe que déclenchera cet homme qui se surestime de manière extraordinaire, quand il pourra, en plus de sa musique futuriste, imposer aussi sa politique d'avant-garde. Cet artisan musicien salarié, cet homme des barricades de Dresde, qui, autrefois à la tête d'une bande d'assassins et d'incendiaires, voulait faire sauter le palais royal de la ville, pense maintenant pouvoir séparer peu à peu le roi et ses fidèles. Il veut installer ses propres complices à leurs postes, isoler le roi et le gagner à la cause de haute trahison véhiculée par le parti des révolutionnaires. »

Tricherie, vice, exploitation, indignité. Louis, qui n'a pas perdu la conscience de sa charge, est déchiré. Mais les choses sont allées trop loin. On ne peut plus revenir en arrière. Il écrit au baron Schrenk : « La décision m'est pénible, mais au-dessus de tout je mets la confiance de mon pays. Je veux vivre en paix avec mon peuple. »

Triste, accablé, mais déterminé, il envoie le baron Lutz au 21 Briennerstrasse pour demander à Wagner de s'éloigner de Bavière quelques mois.

Le musicien entre dans une violente colère. Il couvre le secrétaire d'insultes. Celui-ci lui rappelle qu'il est en mission envoyé par le roi. Un roi effondré de chagrin mais ferme dans sa décision. Dès le lendemain Louis écrit sur un ton nouveau, mais où perce la désolation :

« Mon cher ami,
Si douloureux que soit ce coup pour moi, il me faut vous demander de vous rendre au désir que je vous ai fait exprimer hier par mon secrétaire. Croyez-moi, j'ai été obligé d'agir comme je l'ai fait. Mon amour pour vous durera éternellement. Aussi gardez-moi toujours, je vous en prie, votre amitié. Je puis dire en pleine conscience que je suis digne de vous. Qui pourrait nous

séparer ? Je le sais, vous restez en communion avec moi. Vous pouvez mesurer la profondeur de ma souffrance, mais je ne pouvais agir autrement. Soyez-en convaincu. Ne doutez jamais de la fidélité de votre meilleur ami. Ceci n'est pas pour toujours.
Jusque dans la mort,
Votre fidèle,
Louis, Munich, 7 décembre 1865 »

Et le lendemain, c'est encore Louis qui exprime à son unique, « la douleur qui lui ronge le cœur », répétant « j'ai dû agir ainsi dans l'intérêt de votre repos ».

Wagner s'engage à quitter Munich le 10 décembre. « Adieu, mon beau, mon douloureux ami », écrit-il. Mais un peu plus tard, il se fait tout modeste pour supplier, un jour, de réintégrer sa « petite maison » du 21 Briennerstrasse, où il « se glissera tout doucement, au hasard » sans que personne ne sache qu'il existe encore.

La mine défaite comme un enfant puni, Louis accompagne Wagner à la gare de Munich. Il a prévu pour lui un train spécial. L'heure est à la tristesse. Le musicien apparaît pâle et préoccupé. Le roi a l'air d'un fantôme. Wagner emmène son vieux serviteur et son vieux chien. Pour sauver les apparences, Cosima, effondrée, reste à Munich en compagnie de son époux qui conserve sa charge de Kapellmeister du roi. Lui seul est capable de jouer au piano les grands thèmes des opéras wagnériens. Elle seule fera le lien entre le roi et le musicien.

Wagner se dirige à nouveau vers la Suisse, il va à Genève avant de s'établir à Tribschen, près de Lucerne, sur le lac des Quatre-Cantons.

9

UNE GUERRE EN DENTELLES

Louis II passe de sombres mois. Wagner était son courage de vivre. Loin de lui il expérimente à quel point si vivre lui est un enfer, régner lui devient impensable. Tout l'ennuie, hors son rêve théâtral. Maximilien son père avait rêvé d'une confédération des États du Sud où la Bavière aurait endossé le rôle prépondérant face à la confédération du Nord sous la houlette de la Prusse. Mais Bismarck ne l'entend pas ainsi. Il faut que la Bavière se détermine dans la guerre qu'il veut mener contre l'Autriche. L'Empire sera allemand et non pas autrichien. Il faut que Louis II choisisse son camp. Lorsqu'il passe en revue les quelques troupes militaires bavaroises, il refuse le port du casque qui lui fait horreur, et, pour toute arme d'assaut, ne porte que son parapluie.

La guerre étant inévitable aux yeux du chancelier prussien, le roi de Bavière ne songe qu'à épargner ses hommes. Passant devant une sentinelle qui manifeste quelque difficulté à conserver son attitude au garde-à-vous, il lui fait porter un siège confortable. Il ne cherche qu'à éviter l'affrontement militaire. Se torture pour trouver une solution pacifique au conflit qu'on lui impose. Contraint de prendre parti, il s'engage avec tiédeur aux côtés de l'Autriche. Le nouveau ministre de la Guerre, le baron de Pranck, fait des prodiges pour mettre en ligne une armée médiocre, après que Louis II a signé d'une main molle l'ordre de mobilisation. Les troupes sont mal dressées et mal armées. Les chefs ressemblent à des généraux d'opérette. Ils vont se livrer à un simulacre de bataille. Louis II ne pense qu'à se rendre en Suisse pour y retrouver Wagner et lui soumettre les plans du grand théâtre dessinés par Semper ! À force de temporiser, le temps est venu d'entrer en conflit. Le 14 juin la guerre est déclarée. Le 22, les troupes bavaroises entrent en campagne. Le 25, Louis II fait l'effort inhumain d'inspecter ses troupes à Bamberg. Il a parcouru le champ de bataille coiffé d'un curieux petit chapeau mou, monté sur son cheval blanc. Autant par horreur du sang que par diplomatie humaniste, Louis se tient éloigné du théâtre des opérations. Il commence sa vie errante de château en château. Il devient presque impossible de le tenir au courant de la marche des combats. Cette lutte contre la puissance prussienne ne l'intéresse pas.

Pfordten laisse les alliés et leurs ennemis s'user et se détruire à petit feu. Le 29 juin, l'armée bavaroise assiste avec bienveillance à la capitulation des Hanovriens. Le général des troupes bavaroises, Charles de Bavière, ne se trouve qu'à seize heures de marche du champ de bataille ! Bismarck est satisfait du moment que la Bavière lui permet d'écraser les alliés les uns après les autres, sans causer de pertes importantes à ses armées. Les batailles sont d'ailleurs faiblement menées. C'est à peine si les troupes bavaroises se sont battues. Ce n'était plus une guerre que menait la Bavière, tout au plus une neutralité armée !

L'intelligence humaniste de Louis II triomphe. Il n'a pas mené ses troupes au carnage. Il a laissé Bismarck aller au bout de son implacable projet d'hégémonie, contre lequel il n'y a rien à faire vu la supériorité militaire incontestable des armées prussiennes. Dans cet ébranlement annoncé de l'Allemagne, Louis II a raison. Il ne pense qu'à conclure la paix avec la Prusse. Le 22 août, sans attendre de plus amples manœuvres inutiles, Louis II suspend les hostilités et se rapproche de son oncle, le roi Guillaume de Prusse. Bismarck, ravi de la situation, n'abuse pas de sa victoire, il se contente d'indiquer aux États encore réfractaires, comme la Saxe, ceux qu'il a déjà conquis tels le Hanovre, la Hesse ou Nassau. Il prend soin d'être modéré dans ses exigences de vainqueur afin de ne pas rendre le futur ingérable. Ainsi à la Bavière il ne demande qu'une légère contribution de guerre, 30 millions de florins et trois enclaves territoriales de 34 000 habitants.

C'est bien ce que Louis II avait escompté. Son attitude passive dans le conflit lui a attiré la mansuétude du chancelier. Il lui restait à maintenir la dignité et l'indépendance de son royaume. La dynastie des Wittelsbach devenait le vassal des Hohenzollern, en lieu et place de leur union ancestrale avec les Habsbourg d'Autriche. Simplement une alliance secrète fut signée entre la Bavière et la Prusse en cas de péril extérieur.

Louis, soulagé d'en être sorti tel qu'il le souhaitait, eut un mouvement chaleureux, le seul, envers son oncle, Guillaume de Prusse. Il lui écrivit, mais cela aussi était fort adroit : « Maintenant qu'une ferme et durable amitié s'est établie entre nos Maisons et nos États, je désire lui donner une expression symbolique, en offrant à Votre Majesté Royale, la possession commune du burg de ses aïeux à Nuremberg. Lorsqu'au faîte de ce château le pavillon des Hohenzollern et celui des Wittelsbach flotteront au vent, mêlant leurs draperies, puisse-t-on voir là, le symbole de la bonne garde que font la Prusse et la Bavière unies sur l'avenir de l'Allemagne. Avenir que la Providence a introduit dans des voies nouvelles par l'entremise de Votre Majesté. »

Guillaume accepta. Était-ce une façon légère de se garder, par un signe repérable, au niveau de la Prusse et donc de la future Allemagne ? En tout cas l'oncle et le neveu, en cette seule occasion, purent se comprendre. Louis avait une sainte horreur de la branche prussienne et militaire de sa famille maternelle. Il n'était dupe de rien, puisqu'il avait déclaré à un ambassadeur français à Munich : « Monsieur de Bismarck veut faire de mon royaume une province prussienne. Il y arrivera hélas ! petit à petit, sans que je puisse l'en empêcher. »

Ce n'était ni dans ses goûts, ni dans ses habitudes de faire la guerre. Mais il faut reconnaître que le souverain qui étouffera souvent de rage en évoquant ses suzerains de Prusse, ou qui ponctionnait les caisses du royaume pour la musique de Wagner, ce prince était aussi celui qui, à vingt ans, malgré sa famille, malgré l'opinion conservatrice, conduisait son pays dans la voie qu'il jugeait la moins nuisible et brisait avec la tradition catholique de la Bavière. Enfin, un an après le départ de Wagner, il nommera le prince de Hohenlohe, chef du gouvernement à la place de Pfordten. Avec bien des raisons personnelles, et même passionnelles, pour cela. C'est un prussophile qui s'installe à la tête de l'État bavarois mais c'est aussi un homme de pouvoir qui a eu l'intelligence de déclarer au roi : « Sire, je vous promets le retour de monsieur Wagner. »

Car enfin pour supporter tout cela Louis II n'a pas cessé d'aller chercher des forces auprès du seul qui puisse lui en donner, auprès de l'« enchanteur ». Il s'est donc montré totalement loyal envers son pays puisque depuis le bannissement obligé du musicien il n'a qu'une idée : abdiquer.

Dès le 28 janvier 1866, un mois et demi après l'exil de Wagner, il lui écrit :

« Mon Unique Ami,
… Je vous conjure au nom de tout ce qui vous est sacré dans l'infini de revenir ici. Alors les *Niebelungen* et *Parsifal* viendront au monde… Bien-aimé, Seigneur adoré de ma vie, accordez-moi votre venue, sinon je meurs… Les inoubliables et merveilleuses journées de Hohenschwangau me reviennent en mémoire. Une séparation éternelle ne peut succéder à d'aussi divines journées… Par Dieu, je veux au jour de votre mort, sombrer moi aussi dans l'au-delà, ainsi jamais nos âmes ne seront désunies.
Vous qui dominez Shakespeare et Beethoven et unissez en votre personne leur art à tous deux, n'atteindriez pas tout ce pour quoi vous vous consumez ? Le monde sera confondu par l'exemple que nous lui donnerons. Oh ! écrivez-moi bientôt, saint ami…
Louis »

Les réponses prudentes qu'apporte Wagner, tandis que Louis II se propose d'abdiquer pour ne plus vivre qu'avec et pour lui, vont permettre au musicien d'éclaircir sa pensée. « Je renonce avec joie à la couronne et à son vain éclat », a écrit Louis II. À quoi le musicien lui a rétorqué : « Si vous vouliez même ne vous sacrifier qu'à moi, c'est moi que vous sacrifieriez, car il me faudrait disparaître... Vous devez rester mon bienfaiteur et le protecteur de mon art mais ma personne ne doit plus s'approcher de vous qu'à travers lui... Et il faut qu'il en soit ainsi sans quoi il me faudrait m'effacer tout à fait de votre vie. »

En désespoir de cause Louis s'adresse à Cosima comme à l'« amie aimée ». « Qu'il n'exige pas de moi de supporter plus longtemps ces infernales souffrances, écrit-il. Ma vraie, ma divine destinée est de demeurer auprès de lui, en ami aimant et fidèle... Dites-moi qu'il comprend la puissance de mon amour et qu'il ne doit pas me laisser dépérir et mourir... Mon cœur se brise à présent, je me force à vivre. » Sur ces mots, il s'enfuit se réfugier au château de Berg pour attendre la réponse dans un état d'angoisse maximale.

Mais Richard Wagner ne cède rien. Il lui enjoint de réintégrer la Residenz à Munich et d'ouvrir la session de printemps du Landtag le 22 mai comme c'est son devoir de souverain de le faire. Donc, Wagner ne viendra pas à Munich comme Louis l'espérait. Qu'à cela ne tienne. À ses yeux le 22 mai n'est rien d'autre que l'anniversaire de l'Unique. Ce matin-là, au lieu de se présenter au Parlement, il prend le train pour Tribschen avec son piqueur Volk et arrive chez Wagner qui y vit en compagnie de Cosima, sa « chaste collaboratrice », ou ainsi que Louis l'imagine.

Édouard Schuré écrira sur le couple, lui ayant rendu visite à Lucerne : « Mme von Bulow est une nature étrange, impénétrable dans ses desseins, par là même inquiétante. Lui, le démon terrible, d'une intelligence effrayante et incalculable, est insondable et redoutable. Il est rempli de projets, plus vert, plus vigoureux que jamais. L'union avec Mme von Bulow est des plus intime et des plus profonde.

Est-elle une héroïne ou une intrigante ? Je ne saurais répondre… Wagner m'a joué presque tout *Siegfried* au piano. Musique éblouissante de fraîcheur, grandiose de conception… J'ai éprouvé comme un soulagement en sortant de cette atmosphère orageuse du génie. »

Le roi, enveloppé dans une grande cape, se fait passer pour le chevalier Walther von Stolzing, le héros des *Maîtres chanteurs*, que Wagner est en train de composer. Il arrive en héros wagnérien et non en roi de Bavière comme s'il faisait fi de ce que le musicien vient de lui écrire dans une longue lettre de dix pages. Ne renoncez pas au trône, vous pourriez amèrement le regretter par la suite, lui a-t-il dit en substance, et dans cet égarement vous me perdriez.

Que ce soit vrai ou non, Louis joue sa vie. La suite le prouvera. Il a accroché son existence au destin du magicien qui l'a envoûté. Sans lui, plus rien n'a de sens à ses yeux. Le vieil homme peut-il le remettre dans les rails de la vie alors qu'ils ne parlent plus le même langage ?

Lorsque Louis parle du théâtre de Semper qu'il veut faire construire à Munich malgré l'opposition du gouvernement, Wagner lui répond chancellerie, conseil des ministres, guerre avec la Prusse, Parlement et finances. Et c'est lui qui l'emporte. Louis II, après deux jours de délire, rentre à Munich ouvrir la session du Landtag et prononcer le discours du trône.

Mais son équipée à Tribschen est connue et elle a du mal à passer dans l'opinion publique. À bord du ferry, sur le lac des Quatre-Cantons, on a eu vite fait de reconnaître dans ce visiteur au chapeau extravagant et à la démarche dansante, la haute silhouette du roi. Les Munichois sont à couteaux tirés avec celui qu'ils traitent d'aventurier révolutionnaire. D'autant que Wagner dépasse à nouveau les bornes en demandant à Louis de signer la lettre officielle où Hans von Bulow innocente sa femme, que l'on accuse maintenant d'être la maîtresse du compositeur.

Pendant que la Bavière se range aux côtés de l'Autriche contre la Prusse, Louis II, écœuré par la bassesse des attaques qui l'environne, part se réfugier au château de Berg. Paul de Tour etTaxis l'accompagne et lui chante les airs de Wagner dans l'île aux Roses ou sur le petit yacht appelé *Tristan*. Il tire chaque soir des feux d'artifice. Louis se laisse bercer par les mythologies wagnériennes et lorsque les membres du Parlement tentent de le consulter, il refuse de les recevoir. Pfordten, outré de son attitude, débarque à son tour. Il est reçu par Paul en costume de Lohengrin. Louis se cache dans une tour du château, déguisé en empereur Barberousse, d'un jaune flamboyant.

Le prince de Hohenlohe écrit dans ses mémoires, en 1866 : « Le roi est occupé à trouver des costumes d'opéra pour Guillaume Tell et à se faire faire des costumes d'opéra avec lesquels il se promène dans sa chambre, cependant qu'il est question d'enlever au royaume de Bavière trente mille habitants de Franconie. »

Seul Richard Wagner le décide à visiter ses troupes sur le champ de bataille de Bamberg. On a vu dans quel accoutrement sans aucun rapport avec les tenues militaires. Mais enfin il a remporté un franc succès auprès des armées, par sa gentillesse. Et puis son oncle le roi Guillaume de Prusse et le chancelier Bismarck ont compris qu'il ne leur opposerait aucune hostilité guerrière. Louis II a clos son conflit. Qu'on ne lui en parle plus. Il a fait ce qu'il devait.

10

DES FIANÇAILLES D'OPÉRA

On assiste maintenant à une nouvelle fantaisie. Wagner a si bien convaincu Louis qu'il doit continuer de régner et que pour ce faire, un roi doit avoir sa reine, que le jeune homme, confiant en son mentor, a décidé de se marier. Mais ce projet de mariage entame dès le début une valse-hésitation qui repose sur des éléments curieux. D'abord Paul de Tour et Taxis, son ami fidèle et aide de camp, épouse une cantatrice, et le comte Holstein, son grand écuyer, se marie lui aussi. Louis leur aurait déclaré : « Eh bien j'en ferai autant pour vous tenir compagnie. »

Comment choisir ? Quelle femme pourrait avoir l'heur de lui plaire ? Il y faudrait un motif puissant. Le voici. Une des jeunes sœurs cadettes de sa cousine Élisabeth d'Autriche, Sophie Charlotte de Wittelsbach, s'est entichée de la musique de Wagner. Elle a joué au piano, à la Residenz, des musiques de l'exilé, et Louis a tressailli en l'entendant chanter l'air d'Elsa. Puis elle a pris la défense du musicien déclarant injuste son bannissement de Munich. Sophie est wagnérienne. Louis l'épousera.

Dieu sait si, lors de son avènement, le cœur des Munichoises a battu pour ce prince de conte de fées que l'on dit beau comme un dieu. Des mères ont intrigué pour que leurs filles soient présentées au roi. Il les a toutes refusées sans même les recevoir. Repoussées à la pointe des baïonnettes de ses gardes. L'été 1864, à Kissingen, où il prolongeait son séjour, on a cru qu'une idylle se nouait entre lui et la fille du tsar, Marie-Alexandrovna, mais elle n'avait que 12 ans et Pfistermeister s'aperçut avec inquiétude que le roi s'était pris d'une passion puérile pour la tsarine, Marie de Hesse, de vingt ans son aînée. Il lui fit remarquer qu'elle aurait pu être sa mère. « Plût au ciel que ce fut vrai ! » répondit-il. Il l'invitera dans son île aux Roses pour un souper romantique suivi d'un feu d'artifice tiré sur le lac. Rien que de très théâtral.

Il y eut la femme voilée, Sophie Laurenrieff, qui rôda pendant vingt ans autour du château de Berg et qui déposa chaque 13 juin, dans la crypte Saint-Michel, un bouquet pour l'anniversaire de sa mort.

La Dame au lys, qui envoyait chaque année un bouquet de lys pour la Saint-Louis. Et que dire de la baronne Truchsess, née Esperance de Sarachaga qui, dans la nuit tragique de Neuschwanstein, s'introduisit jusqu'aux appartements du roi, pour l'inciter à la révolte contre ses tortionnaires ? Toutes étaient amoureuses, enivrées par le culte du chevalier de la pureté. Louis en avait la nausée. Les seules dont il recherchait la compagnie étaient les actrices. Il voyait Marie Stuart ou la Pompadour, mais jamais la femme. Il signait Romeo ou Henri.

Les aventurières ne furent pas plus heureuses. Il opposait un dédaigneux *noli me tangere* aux dames indiscrètes. On a retenu la mésaventure de Lila von Bulyovski, opulente actrice hongroise, qui ayant interprété le rôle de Marie Stuart à Hohenschwangau, se laissa, dira-t-elle, courtiser au bord d'un canapé et prétendra s'être enfuie lorsque le roi se fit plus pressant. On suppose le contraire. Il lui envoie des fleurs, des cadres, des bijoux, toutes sortes de présents. Dans son île aux quinze mille rosiers, il se promène à son bras, en lui demandant des tirades de Shakespeare. Il a plu, les sous-bois sont trempés. Lila frémit d'angoisse pour ses souliers de satin blanc. Il cueille des roses lui-même et les lui offre sans souci de ses fragiles gants de peau. Apprenant qu'elle usait de cette « aventure » pour se faire attribuer des premiers rôles, le roi la fera expulser de Munich en vingt-quatre heures. La reine Marie, mère de Louis II, est intervenue. À ses yeux cette intrigante est responsable des délais que Louis met à prendre femme. « Tout est la faute de cette oie », affirme-t-elle.

Plus drôle, l'histoire de la cantatrice Melle Schefsky, rapportée par Ferdinand Bac, qui prouve quelques années plus tard, la froideur constante du roi envers les femmes. Au château de Linderhof, dans la grotte d'azur, le roi avait fait creuser une petite pièce d'eau d'un mètre de profondeur où l'on animait un frêle esquif en forme de cygne. Là, Louis II rêvait en écoutant de la musique, caché derrière une tenture de soie, dans le jardin d'hiver. La diva, folle du roi, voulut monter à bord du cygne pour lui chanter l'air d'Elsa. Elle chavira bientôt, emportée par son jeu outré, et s'écria : « Sauvez-moi, mon bien-aimé ! » Alors le roi leva l'index, appela son valet de pied et dit calmement : « Sortez cette dame, je vous prie, et faites-la sécher. »

Donc, coup de tonnerre, Louis II écrit à Wagner, le 22 janvier 1867 : « Walther a rencontré sa Brünhild. » Tout événement de sa vie étant transposé au théâtre. Mais huit jours plus tôt, il lui a envoyé une lettre commençant par « Mon ami qui m'est plus cher que tout au monde » où il montre le souci exclusif qui occupe son esprit : la mise en scène de *Tannhäuser*, par Kaulbach.

« Kaulbach, dont les cartons sont corrigés suivant mes désirs, a un véritable talent pour ne rien comprendre à vos merveilleuses intentions. Au IIIe acte, la salle de la Wartburg brille, éclairée par le printemps. Or Élisabeth, étendue sur une civière, a l'air d'une jeune fille en fleur ignorant toute souffrance et toute angoisse. Tannhäuser la fixe, hébété, avec des yeux écarquillés, comme s'il apercevait une revenante. Le landgrave roule des yeux en furie, comme s'il venait d'ordonner une arrestation, et devant la civière, une jeune fille en pleurs est l'image même d'un caniche obéissant. Mais assez de cela. L'amie aurait-elle la bonté de donner à Kaulbach quelques indications sur la conception du sacrifice et de la mort de Senta ? Peut-être quelque compréhension s'éveillera-t-elle en lui ? »

On voit le ton acide et l'exigence du roi dans une telle circonstance. L'annonce de ses fiançailles ne lui prendra quelques jours plus tard que trois lignes brèves.

La duchesse Ludovica, mère de Sophie, commence à s'impatienter que les deux jeunes gens ne se voient que pour parler de Wagner. Louis ne manifeste aucune intention de se déclarer. Sophie elle-même s'inquiète de ces rendez-vous musicaux qui ne débouchent sur rien. Louis, acculé à répondre, écrit soudain à Sophie une triste lettre : « L'objet principal de nos entretiens a toujours été, tu en conviendras, l'étrange et pathétique destin de Richard

Wagner. Ah ! ne te fâche pas, envoie-moi quelques lignes d'amitié qui me prouveront que tu me demeures bonne. Songes-y, ton ami n'a peut-être que peu d'années à vivre. Adieu, chère Sophie. Si tu l'exiges, je ne t'écrirai plus jamais. Sois heureuse et souviens-toi de moi. »

Mais une fois de plus, Richard Wagner va le remettre dans le droit chemin. Car Louis, totalement perdu face aux injonctions qui lui sont faites d'épouser Sophie, n'a rien trouvé de mieux que de l'envoyer en personne rencontrer le compositeur qu'elle admire. Voyant les tergiversations du roi et trouvant son compte dans ce mariage royal, Wagner, séduit par « cette femme passionnément aimante, belle et pleine de grâce », écrit paternellement à Louis : « Oh si bientôt, bientôt, vous pouviez vous unir à elle tout à fait ! Pourquoi des espaces peuplés de contrariétés absurdes s'étendent-ils depuis si longtemps entre vous ? » La petite princesse bavaroise a-t-elle elle-même trouvé ce subterfuge pour décider son piètre fiancé ? En tout cas, elle a réussi. Louis est enfin décidé à se marier. La date est fixée au 25 août, jour de son anniversaire. Dans cinq mois…

Le pays est en liesse. Il va enfin avoir une reine. Les bals succèdent aux fêtes. À celui du prince de Hohenlohe, Louis trouve encore le moyen de s'éclipser pour aller entendre le troisième acte de *Guillaume Tell*. Le désarroi de Sophie est visible. Mais elle s'est armée de patience et ne se lassera pas de sitôt. Pour lui, elle est Elsa. Pour elle, il est Siegfried ou Parsifal. Quant à Wagner, il est Sachs. D'ailleurs Louis lui a dit sans détour : « De toutes les femmes vivantes tu m'es la plus précieuse… Mais le dieu de ma vie est, comme tu le sais déjà, Richard Wagner. » Quand il écrit au musicien, il lui parle d'amour. Quand il écrit à Sophie, il lui parle de théâtre. La pauvre fiancée s'est engagée dans les fantasmes de son promis. Elle écrit à Wagner : « Parsifal m'a confié les liens qui l'unissent à vous, je sais ce que vous lui êtes. Il ne m'a rien caché. Mais plus il m'assure combien cet attachement est sacré et indissoluble, plus mon cœur lui appartient. » Elle ajoute tout de même : « Séparée de lui je ne verrai plus le monde que comme un désert vide et hostile. »

Le retour de Wagner à Munich lui semble maintenant indispensable. Elle l'appelle de ses vœux en se mettant à la place de son Siegfried.

Celui-là veut faire de son mariage une pièce à grand spectacle. Il fait aménager de somptueux appartements pour Sophie, au palais de la Residenz. On comble le jardin d'hiver de plantes luxuriantes. Louis couvre sa fiancée de joyaux précieux sans doute pour se faire pardonner ses manquements divers et variés. Il commande pour le mariage, un carrosse d'un million de florins qui ravit le cœur des Munichois. Enfin l'argent de l'État sert à la dynastie. Et puis il y a le diadème de la première reine de Bavière, Caroline de Bade, que Sophie doit pouvoir porter.

« Demain, écrit Louis, j'apporterai la couronne et la poserai sur votre tête. Si elle est trop lourde ou trop grande, j'en ferai faire une autre, car je désire beaucoup vous la voir porter le jour du mariage. Une tête aussi belle et que j'aime tant mérite de porter le plus noble de tous les joyaux de la terre, symbole de majesté et de puissance souveraine. » Mais toujours il lui donne du « chère Elsa ».

Et puis Wagner est à Munich. Non au 21 Briennerstrasse. Mais il est là. Grâce à Hohenlohe. Il descend à l'hôtel Bayerrischerhof pour plus de discrétion. On organise une rencontre de Sophie et Wagner chez le prince Louis-Guillaume, frère aîné de la princesse. Et puis n'est-elle pas la sœur préférée de Sissi, la sublime Élisabeth d'Autriche, pour qui Louis a une adoration ? Élisabeth a sûrement insisté auprès de son cousin pour que ce mariage se fasse, joignant sa parole, qui compte énormément, à celle de Wagner. Que surtout Louis ne la déçoive pas.

En cadeau de noces, Wagner offrira la partition toute fraîche imprimée des *Maîtres chanteurs*. Il prépare une nouvelle représentation de *Lohengrin* à laquelle le roi va bien sûr assister. Malheureusement, le ténor Tichatschek, qui a créé le rôle de Tannhäuser, vingt ans plus tôt à Dresde, n'est plus de la première fraîcheur. Sa voix est encore belle, mais il a pris de l'embonpoint, ses mouvements se sont alourdis. Le chevalier au cygne ne peut plus se reconnaître dans la silhouette bedonnante du vieux chanteur. Louis manque s'étouffer de rage dans sa loge. C'est un blasphème, une hérésie ! Paul de Tour et Taxis en Lohengrin avait mille fois plus d'allure. Le roi quitte le théâtre au milieu de la représentation, ivre de colère. Comment a-t-on osé ?

Rentré à la Residenz, il ordonne sur-le-champ que l'on remplace le ténor. Wagner rugit. Il s'oppose absolument à ce qu'on renvoie Tichatschek. Louis ne cède pas d'un pouce. Il a déjà en remplacement un jeune ténor, Heinrich Vogl, qui sera un merveilleux chevalier au cygne. Wagner menace de quitter Munich. Louis s'entête. Wagner s'en va. Il est à peine resté deux semaines.

Le roi est en plein cauchemar. Il sait maintenant qu'on s'est joué de lui et que Cosima von Bulow est bel et bien la maîtresse de Wagner. Qu'ils ont déjà eu deux enfants, Isolde et Siegfried. À nouveau Munich s'est déchaînée contre Wagner et, en l'occurrence, Louis II, profondément blessé, ne s'oppose plus à la cabale. Wagner aura beau se confondre en excuses, désormais Louis reste dans le silence. Un silence qui s'épaissit du fait du malaise grandissant que lui procure son futur mariage.

Louis s'est réfugié au château de Berg. De l'autre côté du lac de Starnberg, Sophie est à Possenhofen, dans le château de son enfance. De temps à autre, Louis débarque en pleine nuit soit pour déposer un bouquet de cent roses dans les bras de sa fiancée toute pâle, soit pour lui faire essayer une nuit entière les joyaux de la couronne de Bavière. Une autre fois, il passe une journée jusque tard dans la soirée, à relire avec Sophie le livret du *Tristan* avec pour seul spectateur le ténor Vogl. Enfin, il s'arrange pour n'être jamais seul avec elle. La seule pensée d'un baiser le ferait hurler. Il lui fait aussi porter par son aide de camp des messages enflammés sans aucun lien charnel avec elle. Après les nuits blanches qu'il lui inflige, elle s'épuise et se désenchante. Elle ne répond plus aux messages qui arrivent à n'importe quelle heure de la nuit.

Louis s'en offusque absurdement : « Je suis son cousin et son fiancé, hurle-t-il, mais je suis aussi son roi ! »

Louis n'écrit plus à ce moment à l'enchanteur avec qui il est pour la première fois gravement brouillé. Or il a besoin de raconter sa vie par écrit à un lecteur attentif, pour lui donner l'envergure boursouflée qu'elle n'a pas en réalité. Il peut envoyer tous les « souhaits de bonheur passionné à [s]a gracieuse fiancée », cela ne l'engage à rien, il ne l'a jamais prise dans ses bras. Il se montre même de plus en plus distant. Il y a des raisons nouvelles à cela.

11

LE NOUVEAU RICHARD CONTRE ELSA

Le 6 mai, comme chaque matin Louis s'apprête à quitter le château de Berg pour une longue promenade à cheval. Ce matin-là son piqueur habituel est absent. À sa place, un nouveau jeune homme l'attend pour l'accompagner. Il a fière allure et semble tout disposé à se rendre aux ordres du souverain. Il s'appelle Richard Horning et remplit la charge d'écuyer dans les écuries royales. C'est un homme posé qui n'abusera jamais de la bonté du roi. Mais ce Richard-là est entré dans sa vie et ne la quittera plus. Bientôt leur intimité s'affermira et Louis II lui fera construire une villa de quatorze pièces près de sa résidence d'été. Dix ans plus tard, Richard aura femme et enfants sans que Louis n'en prenne ombrage.

Ce jour-là, sa promenade ne le mena pas à Possenhofen comme c'était prévu.

À la fin du mois de mai, Louis II décide d'aller visiter la Wartburg, en Thuringe, où se situe le tournoi des chanteurs au deuxième acte du *Tannhäuser*. La fiancée reste abandonnée, mais elle espère encore. Dans le journal intime de Louis, on retrouve à la date du 6 mars 1872 : « 6 mars 1872, juste deux mois avant le cinquième anniversaire de ce 6 mai ; jour béni où nous nous vîmes pour la première fois pour ne plus nous quitter jusqu'à la mort. Écrit dans la hutte indienne. » Sous ces mots, Richard Horning appose sa signature près de celle du roi.

Fin juin, Louis revient à Munich, le temps d'embrasser le front de sa fiancée et de se faire prendre en photo avec elle. Sur le cliché, elle semble comme une enfant sage qui se résout à ce qu'on lui a demandé. Louis est raide et distant. Il se prête à cette séance sans grand enthousiasme. Napoléon III et l'impératrice Eugénie font un court passage à Munich avant de se rendre à Vienne. À la gare, Louis II leur présente sa fiancée. Annette Kolb décrit la scène : « Sophie semblait perdue dans sa crinoline et sous l'ample casaque de soie aux lourdes franges, dont les manches laissaient voir celles de la blouse blanche en tulle brodé. Une plume majestueuse parait son chapeau minuscule. Le roi avait complété cet ensemble par une gigantesque broche de turquoise montée sur diamants. » L'impératrice, ravie de voir ce couple charmant, embrasse le roi sur les deux joues. Louis II rougit. Mais n'est-ce pas plutôt en raison de la mascarade qu'il impose à la pauvre Sophie ? Elle n'est à ses yeux qu'une poupée de théâtre qu'il décore de joyaux précieux.

En allant à Ischl, Louis voyage en compagnie d'Élisabeth. Elle vient d'être couronnée reine de Hongrie en compagnie de son mari, l'empereur François-Joseph. Elle rayonne au faîte de sa beauté. Louis lui écrit une véritable déclaration d'amour platonique à la suite de cette rencontre. Mais que Louis ne s'y trompe pas, sa cousine chérie n'acceptera jamais qu'il fasse souffrir sa petite sœur. Elle pourrait se détourner de lui pour longtemps.

À Paris, en 1867, c'est l'Exposition universelle où sont conviés les souverains du monde entier. Louis a bien l'intention de s'y rendre. Avec qui ? Mais avec Richard Horning. Sous le nom de comte de Berg, Louis accompagné de son écuyer descend à l'hôtel du Rhin, place Vendôme. La ville entière est en fête. Louis est de tous les bals, on le voit au théâtre où il fait sensation. Il visite l'exposition et achète dans la foulée un kiosque mauresque qu'il fait expédier à Munich en pièces détachées. Il deviendra plus tard, au milieu des Alpes, une fantaisie du parc de Linderhof. Louis va à l'Opéra – que Garnier vient de terminer –, entendre *Don Carlos* de Verdi. Il ne reconnaît pas le livret et s'en étonne mais apprécie la musique du compositeur italien. Wagner ne restera pas son seul engouement musical.

Il se rend à Pierrefonds que Viollet-le-Duc est en train de restaurer. Les ruines de ce château féodal du XIVe siècle l'impressionnent beaucoup. Il les relie en esprit aux ruines du burg moyenâgeux qui dorment, sur un piton rocheux, non loin du château de Hohenschwangau, où il s'est si souvent promené à cheval. De folles idées germent dans sa pensée. Il ne dit rien, mais sa vie à ce moment s'accroche à de nouveaux projets grandioses. Est-ce que la pierre n'incarnerait pas mieux son rêve que l'intangible forme musicale ? Déjà, à la Wartburg, le charme des murs séculaires lui a procuré un plaisir enivrant. Il a la passion des lieux qui racontent une histoire. Surtout si cette histoire rejoint les grands mythes et légendes de son enfance. L'amour, la mort, les dieux.

Louis est venu en France trouver une nouvelle raison de vivre. Il va l'enraciner dans la contemplation éblouie du lieu dont il rêve depuis l'enfance : le domaine de Versailles. Une semaine entière il revient chaque jour au château. On fait jouer pour lui les grandes eaux. Il examine avec une ferveur religieuse chaque détail du Petit et du Grand Trianon. Il cherche les traces de Marie-Antoinette, qu'il révère depuis que sa première préceptrice Mme de Meilhaus et le comte de la Rosée lui ont parlé avec nostalgie de l'Ancien Régime. Il contemple avec passion les différentes constructions du Petit Hameau. La galerie des Glaces le laisse pantois d'admiration. Il y perçoit la grandeur du Roi-Soleil. Tout s'imprime en lui avec une violence nouvelle.

Une détermination inébranlable prend forme : ce qu'il fera à Neuschwanstein pour Lohengrin et Parsifal, il le fera également à Linderhof et Herrenchiemsee pour Marie-Antoinette et Louis XIV. En un court séjour toute la seconde partie de sa vie s'est décidée. Il lui faudra y consacrer des moyens pharaoniques. Ce qui ne sera pas le moindre aspect de cette entreprise titanesque.

Fin juillet, Louis est de retour à Munich. Il assiste à une représentation du *Tannhäuser*. Mais Sophie n'est pas dans la loge royale. Il lui rend une visite de courtoisie à l'entracte. Son ardeur, comme le remarque Franz Liszt, semble fort tempérée. Chez le duc Max, le père de Sophie, une certaine irritation commence à se faire jour. Le somptueux carrosse royal doré a traversé les rues de la ville tiré par un attelage de huit chevaux blancs. Les Munichois sont en émoi. Mais il était vide. Ce n'était qu'une répétition. La date du mariage est d'abord repoussée au 12 octobre, puis au 28 novembre. Louis II est en pleine crise.

Devant son silence, Richard Wagner lui écrit : « Je plonge mon regard dans vos yeux, et je vous interroge : n'avez-vous pas besoin de l'ami ? » Oh que si ! Tellement même, que le roi, en deuil de son « ami unique aimé par-dessus tout », lui écrit enfin le 19 octobre : « Je suis depuis quelques semaines dans mon Hohenschwangau aimé, dans le burg éclatant. Je vous écris ces lignes de mon coin familier, où j'ai vécu des heures inoubliables jadis, avec celui à qui j'ai voué ma vie. Oh mon ami, quelles belles heures ! Une force de géant émanait de vous. »

Et voilà. Il a rompu. Avec Sophie. Et revient à sa seule passion. La petite princesse, délaissée à Possenhofen, cet été 67, a beaucoup pleuré, s'est révoltée, les larmes aux yeux : « Mais enfin, vous ne voyez donc pas qu'il ne m'aime pas ! Il se joue de moi ! » Elle n'est pour lui que Elsa, Élisabeth, Isolde, Brünhild. Mais jamais Sophie. Louis avait déclaré à son secrétaire Düfflip : « Je préférerais me jeter dans l'Alpsee plutôt que de me marier ! » Mais les parents s'en mêlent. La reine Marie insupporte son fils par ses demandes réitérées. Elle doit savoir quand préparer les invitations envoyées à toutes les cours d'Europe. Le duc Max et la duchesse Ludovica sont entrés dans une colère mal réprimée. Le père envoie un ultimatum à Louis lui intimant de s'exécuter au plus vite ou jamais. Le roi le prend très mal. « Est-ce ainsi qu'un sujet s'adresse à son souverain ? » explose-t-il, de plus en plus imbu de son absolutisme après son voyage à Versailles.

De façon peu loyale, il se sert de cet ultimatum pour écrire une lettre de renoncement à Sophie.

« Ma chère Elsa,
Étant donné qu'on m'a contraint à fixer mes fiançailles et maintenant mon mariage, comme on oblige une plante de serre à fleurir avant terme, je considère comme un devoir sacré de vous parler pendant qu'il en est encore temps…

Je vous aime comme une tendre sœur… Il y aura toujours pour vous, enraciné au plus profond de mon âme, un amour fraternel, véritable et fidèle, mais je sais aussi que ce n'est pas là la forme d'amour indispensable à une union matrimoniale… Je vous supplie de me garder votre amitié quand vous m'aurez rendu votre parole… Si, dans un délai d'un an, vous n'aviez pas trouvé quelqu'un qui fît votre bonheur et s'il en était de même pour moi, nous pourrions alors nous unir à jamais, si, bien entendu, vous en aviez encore le désir.
Henri »

Comme, dans les jardins de Versailles, un des invités lui demandait son idéal de beauté féminine, il répondit :

– Une belle âme, un beau corps, une voix musicale, un parfum de lys autour d'elle.

– Mais ce sera très difficile à trouver, Sire…

– Il n'est pas nécessaire que cela soit. Le rêver suffit.

Louis a rêvé Sophie, mais la vraie femme, il n'en veut pas. Elle est pleine de vie, exigeante, amoureuse. Une horreur ! Elle aurait même été courtisée, dit-on, par un photographe de la Cour. Louis a une grande crise d'indignation au contraire des termes pleins de sagesse de sa lettre. Il déchire les photos, les messages de Sophie, projette le buste en marbre de la jeune fille par la fenêtre… et le remplace par celui de Wagner. Quand il pense au million de florins engloutis dans la confection du carrosse, qui auraient pu servir à la construction du théâtre de Semper ! Et puis il souffre de savoir maintenant de façon certaine que Cosima et Wagner sont amants. Toute cette ordure qui le torture ! « Si les liens entre M. Wagner et Mme von Bulow ont dépassé les bornes de l'amitié, alors ce serait épouvantable ! » Wagner aurait menti ? l'aurait trahi ? se serait livré à ce commerce de la chair qui lui fait horreur et dont son journal recueille les plus profonds échos désespérés ? Peu importe, le cauchemar est neutralisé. Soulagé, il écrit à Wagner : « À présent tout est bien. Je me sens comme ressuscité et guéri d'une maladie qui aurait mis ma vie en péril. Le voile de deuil qui me recouvrait ces derniers temps est déchiré, la douleur a cédé, les liens sont dénoués… J'aurais été malheureux avec Sophie qui n'est pas la femme que Dieu m'a confiée. »

Et à son ancienne préceptrice von Leonrod, il écrit : « L'impression de bonheur que j'éprouve à présent que je me suis débarrassé de ces chaînes accablantes n'est comparable qu'aux sensations délicieuses du convalescent qui respire enfin un peu d'air après une dangereuse maladie. »

Enfin, dans son journal intime, il découvre le fond de sa pensée qui d'ailleurs ne diffère pas tant que cela de ses lettres : « Le danger est écarté. La sombre image s'efface. J'avais besoin de liberté, j'avais soif de liberté, il fallait que je puisse me réveiller de cet horrible cauchemar. »

Sophie, un an plus tard, deviendra la duchesse d'Alençon. Elle périra dans l'incendie du Bazar de la Charité, le 4 mai 1897, en suppliant que l'on sauve en priorité les enfants et les jeunes filles. Dans ces deux circonstances, au moins, fiançailles et sinistre, elle aura été victime de son idéal.

La joie de la Bavière s'écroule en vingt-quatre heures. Les milliers de médailles frappées à l'effigie des futurs mariés, « Ludovicus, rex » et « Sofia-Carola, uxor » deviennent collector. Les mille couples qui devaient se marier le même jour pleurent la belle cérémonie que l'État allait leur offrir. Mais surtout Sissi, l'impératrice d'Autriche, est remplie d'indignation pour l'injure que l'on fait à sa sœur. Elle écrit à leur mère la duchesse Ludovica qui cache sa déception à Possenhofen : « Mon indignation est à son comble, comme celle de l'empereur. Il n'est pas d'expression pour qualifier pareille conduite. Je ne comprends même pas que Louis ose encore, après tout ce qui s'est passé, se montrer à Munich. Je suis contente que Sophie prenne aussi bien les choses. Dieu sait qu'elle n'aurait jamais été heureuse avec un tel homme. »

Pour Munich, rien à craindre, Louis le fuit avec une répulsion de plus en plus visible. Quant à Sophie, ravissante et passionnée, elle aura quatre enfants, avant de trouver une fin tragique, comme ce cousin qu'elle était pourtant prête à aimer.

12

LE HAUT PAYS DU CYGNE

En revenant de son voyage en France, le château de Berg où Louis s'était si souvent réfugié et même Hohenschwangau où il avait passé tant d'heures délicieuses, lui parurent soudain mesquins et sans envergure. Il rêva de monuments plus vastes, plus fous. Il rêva de démesure pour illustrer sa passion wagnérienne.

Il y avait près de Hohenschwangau, la terre du cygne, où était apparu Lohengrin selon la légende. Quelle différence entre mythe et réalité pouvait-il faire ? Aucune. Il avait si souvent erré sur une hauteur où s'était jadis dressé le burg des seigneurs de Schwanstein. Là quelque chose d'indéfinissable et de violent l'attirait. Un jour il reconstruirait là un grand château de l'époque féodale. Ce jour était venu. Hanté par la silhouette en pierre de taille visitée à Pierrefonds sous la restauration de Viollet-le-Duc, il avait pris sa décision.

Il s'était aussi rendu au château fort de la Wartburg à Eisenach. Là où Luther avait été enfermé et où le landgrave de Thuringe, Hermann, avait convoqué le tournoi des chevaliers-chanteurs, les Minnesinger. Les ruines de Trausnitz l'avaient un moment attiré car la légende prétendait qu'un Wittelsbach y aurait hébergé Tannhäuser. Mais c'est au projet concernant le cygne de Lohengrin qu'il s'arrêta. Le décor était grandiose. Des masses géantes de granit, des rideaux de sombres sapinières, un torrent en furie, des à-pics vertigineux. Rien ne manquait à la mise en scène. Les architectes n'avaient plus qu'à travailler sur les indications péremptoires du roi.

Il fallut d'abord s'assurer de la résistance du rocher choisi par le roi pour y construire son donjon. Hisser les matériaux en partie à bras d'hommes sur cette roche escarpée. Élever les tours démesurées qui pointent vers le ciel, suspendues dans l'espace. Sur cet éperon rocheux qui surveille l'entrée d'une gorge profonde, dresser ce grand fantôme blafard, immobile dans la nuit des forêts, né dans l'esprit tourmenté d'un jeune souverain misanthrope.

Les parois verticales du rocher avec lesquelles il fait corps donneront l'impression que le château ne s'appuie que sur lui-même, émergeant posé, instable, flottant dans la brume qui l'environne. Un édifice fantastique, un burg théâtral, dressé comme un décor, qu'on s'attend à voir disparaître tout à coup dans les nuages.

C'est en effet à un décorateur de théâtre, Christian Jank, que le roi a demandé les premiers plans. Les deux architectes, Riedel et Dollman, ont su donner corps au rêve insensé de Louis. Cet élancement vers le ciel qui évoque l'inaccessible, cette dissymétrie voulue qui suggère la volonté farouche de liberté. Après le premier projet en gothique flamboyant, réservé à la seule chambre à coucher royale, cœur mystique de l'édifice, un style plus dépouillé se dessine. Avec sa forêt de donjons et de tours, de pinacles et de poivrières, Neuschwanstein est un poème wagnérien inscrit dans la pierre. La profusion de mâchicoulis, d'échauguettes, de créneaux, de tourelles et de toits en éteignoirs, lui donne l'apparence d'un castel extravagant et mystérieux, perdu dans le brouillard. Quel esprit original a voulu, pour y vivre seul, ces immenses galeries, ces salles démesurées ? Il ne s'agissait pas d'y vivre, mais juste de leur donner forme. Les motifs wagnériens s'y répètent sans trêve. Des monstres fabuleux où la flore et la faune se mêlent, où les dragons finissent en plantes gigantesques et le col des oiseaux en calice végétal.

Les anges, les sphinx, les sirènes et le cygne sont les leitmotivs du lieu. Ici les armes du roi Arthur, là, la silhouette du mont Salvat, et, sur la coupe du Saint Graal, la colombe qui resplendit. Au milieu d'une profusion de paons et de chimères, trône le faucon prédateur que vit Parsifal sur le Plimizol.

Peu importe que les artistes fassent preuve d'un maigre talent. Il suffit à Louis que la légende soit fidèlement illustrée et que les costumes soient d'époque. Ici Lohengrin sommeille dans un canot. Les textes racontent que, durant la traversée, il pouvait s'endormir sans crainte. « Je souhaite, écrit le roi, que le bateau soit plus éloigné de la rive, que la silhouette du chevalier Lohengrin soit plus élancée, que la chaîne reliant la nacelle au cygne soit de l'or et non une guirlande de roses, enfin que l'on donne un style plus médiéval au château que l'on aperçoit à l'arrière-plan. » Et l'artiste de reprendre ses pinceaux pour recommencer complètement le tableau. Le roi fait lui-même des recherches sur les armures des chevaliers chez Gotfried de Starbourg, Wolfram d'Eschenbach ou Walter de la Vogelweide. Il a d'étranges exigences. Ainsi la fresque qui représente la visite de Parsifal chez l'ermite Trevrezent doit à tout prix être achevée un vendredi saint, car d'après la légende, la scène a eu lieu ce jour-là. Le peintre Hauschild, prêt à tout pour satisfaire les désirs du roi, s'impose un tel rythme de travail qu'il tombe évanoui de son échafaudage. Louis II ordonne qu'on lui porte un verre de punch et qu'il se repose le temps nécessaire.

Dès l'abord le premier bâtiment, le Torbau, donne sur une première cour où s'ouvre la chapelle, puis sur une seconde où se développe le corps du palais.

Les appartements se situent au troisième étage. On y accède par un vestibule où une fresque raconte l'histoire de Sigurd et Gudrun, première version scandinave de Siegfried. Le cabinet de travail du roi, vert et or, est dédié à la figure de Tannhäuser. Il jouxte une grotte pourvue de stalactites artificielles et figure le Venusberg où le héros s'abandonna aux sirènes du plaisir. Les silhouettes fières du cygne de Lohengrin se multiplient dans les peintures murales et le travail des boiseries. Les Maîtres chanteurs illustrent un grand cabinet de toilette.

La chambre du roi est une incroyable forêt de bois de chêne sculpté. Quatorze ébénistes y ont travaillé pendant quatre ans. Le lit lui-même ressemble à une petite chapelle gothique, avec à son chevet une vierge byzantine, vêtue de bleu. Les rideaux de soie bleue sont brodés d'or. Les fresques de Tristan et Isolde veillent sur les insomnies du roi. Sur la table de toilette sculptée, surmontée d'un miroir et d'un chapiteau de bois où deux cygnes semblent prêts à s'envoler, un autre cygne d'argent verse l'eau de source de la Pöllat venue des sommets, dans un petit bassin. Un lustre d'or porte une vingtaine de candélabres. Avant la chapelle, un petit oratoire en forme d'alcôve est dédié à Saint Louis, le roi de droit divin, dont une voyante lui avait révélé qu'il était peut-être une réincarnation.

On accède enfin au sanctuaire de la salle du Trône, vaste comme une église, entourée d'une galerie, couronnée d'une coupole et flanquée d'une abside dont la voûte offre les figures des saints rois entourant le Christ transfiguré. Le somptueux lustre, en forme de couronne byzantine, en bronze doré, pèse près d'une tonne. On le manœuvre au moyen d'un système de poulies. La coupole était si coûteuse et si compliquée à réaliser qu'il mourut sans l'avoir vue achevée. Un escalier conduit au trône d'or et d'ivoire qui devait s'y trouver, mais ne vit jamais le jour. Les caisses étaient vides. Sur les esquisses approuvées de la main de Louis II, le chiffre et les armes des Wittelsbach, le globe impérial surmonté d'une croix, symbole du Saint Empire romain germanique, auraient donné à cette salle le vrai sens que voulait y apporter le roi. Le sol est décoré d'une merveilleuse mosaïque de deux millions de pièces qui évoque l'Antiquité. Les dorures et le travail des boiseries sont étourdissants. Toutes les ouvertures, intérieures et extérieures, sont en arcades, aux formes douces.

Seul dans sa basilique au dôme immense, sur son siège d'or et d'ivoire, en haut de l'escalier de marbre blanc, il eût été empereur à plus juste titre que les Hohenzollern à Berlin, pensait-il. D'une puissance moitié divine, moitié terrestre. Avec son style byzantin, cette basilique était un retour au Moyen Âge chrétien. Le roi est à nouveau le chevalier du Christ, que saint Michel et saint Georges assistent dans sa mission.

À l'étage du dessus, on entre dans la salle des Chanteurs, imitée de celle de la Wartburg, longue pièce formant une galerie, où Parsifal accède à la quête finale du Saint Graal.

Louis n'a pas de vraie formation en peinture, ni en aucun des arts plastiques. Comme il aurait dit dessine-moi un mouton, il a exigé l'imagerie de ses rêves. Des scènes, des personnages, des figures de légende en action. Une irréalité puérile et grandiloquente. Du balcon de la salle du Trône, une vue grandiose s'étend sur les gorges de la Pöllat et sur le lointain miroitant des lacs. Les chimères ont trouvé leurs corps de garde. Elles ont concentré l'angoisse qui possédait le roi, cette dernière nuit où, errant d'une salle à l'autre, il sera prêt à se jeter dans le précipice pour échapper à ses tortionnaires.

On perçoit dès lors l'âcre parfum de l'impossible rêve qui émane de ce château de conte de fées. Le cygne est demeuré dans sa solitude. Image d'une pureté fantasmée, inhumaine, blason d'une perfection narcissique. Le cygne glisse silencieux sur son miroir glacé où le désir ne peut que mourir de froid. La neige est son domaine, l'éther des montagnes sa respiration.

Le 15 septembre 1869, la première pierre a été posée. Deux cents ouvriers et artisans ont travaillé pendant dix-sept ans, hors les mois d'hiver, à cause de la neige et des gelées. Les tonnes de matériaux ont été transportées en charrettes à bœufs, à dos d'âne ou tirées par des chevaux de trait, à près de mille mètres d'altitude. La plus haute tour s'élève à 79 mètres. Son toit pointu est couronné d'un cuivre qui vibre au soleil levant. De cette tour, Louis II voudra se jeter dans le vide au moment de son arrestation. Il avait été prévu deux cent vingt-huit pièces à l'origine. Aujourd'hui on ne peut en visiter qu'une quinzaine.

Dès que le premier donjon de l'entrée est achevé, Louis s'y réfugie pour suivre les progrès de son œuvre. Il fait de longs séjours dans son château, errant pendant ses nuits sans sommeil à travers les galeries. Il est à volonté Siegfried ou Parsifal. Une vingtaine de majordomes et domestiques se plient à ses caprices qui ne sont pas simples. Des jets d'eau lumineux, des feux de Bengale, des embrasements du château sont ses plus chères distractions nocturnes. Du pont de fer, jeté au-dessus du torrent, le Marienbrücke, il contemple ébloui, les fusées de lumières qui éclairent le vaisseau fantastique suspendu dans la nuit.

« En rêve, je l'ai conçu, dit-il, c'est ma volonté qui lui donna forme. À présent, fière et belle, cette forteresse se tient altière et sans égal. »

Plus il s'éloigne des vivants, de la vie, plus il s'approche de Parsifal, délaissant la figure de Siegfried. La force indomptée du second qui triomphe de tout, le fascine moins que la sainteté du premier qui s'incline devant une puissance supérieure. Il rend un culte mystérieux à des sculptures étranges, comme ce dragon rampant au pied d'un palmier sans pouvoir en atteindre les fruits. Il vénère certaines colonnes en lapis-lazuli, peut-être parce que c'est une pierre dont sa cousine Élisabeth a la passion, salue certains arbres alentour, sans qu'on sache exactement la raison de ces choix. Ceux-là lui tirent des larmes ou des gémissements singuliers. Mais, en général, il dit qu'« à l'intérieur de lui-même », il est heureux.

Hohenschwangau, le château de son enfance, lui est devenu inopportun depuis que sa Cour et celle de sa mère, la reine Marie, s'y côtoient. Entre ce nouveau nid d'aigle suspendu dans les nues et le manoir massif construit par son père, la distance s'est creusée. Louis tient sa mère à l'écart de sa vie. Le « colonel du troisième d'artillerie » comme il la nomme plaisamment en fonction d'un titre qui lui échoit effectivement, a voulu combattre ses fantaisies et ses goûts étranges. Il ne supporte aucune atteinte à sa liberté. Pourtant, elle n'a rien trouvé de mieux pour se dresser contre l'intégration de la Bavière à la Prusse que d'abandonner sa religion luthérienne de Prussienne, pour se convertir à la religion catholique. Au vif mécontentement de l'empereur Guillaume, son frère. Elle a cru ainsi se rapprocher de son fils mais cela n'a pas suffi. Louis II qui jusque-là passait ses étés à Hohenschwangau, où se trouvait sa mère, a pris ce séjour en horreur face aux habitudes bourgeoises de la cour de Munich.

Une nuit cependant, il vint prier la reine Marie de se rendre dans son monde fabuleux. Ce fut la seule fois. Il lui fit visiter le château illuminé comme pour une fête de légende. Puis la raccompagna sur le parvis. On ne comprit pas le sens de cette nouvelle folie. Louis II imitait la visite de Louis XIV à sa mère, Anne d'Autriche, pour lui souhaiter son anniversaire.

Neuschwanstein est un hymne d'amour à l'œuvre wagnérienne. Louis écrit au musicien que le château lui est dédié :

« Vous connaissez l'hôte vénéré que j'aimerais y héberger. L'endroit est l'un des plus beaux que l'on puisse rêver, sacré et inaccessible, un digne temple à l'ami divin qui remplit le monde de salut et de bénédiction. Vous y trouverez aussi les scènes de *Tannhäuser* (la salle des Chanteurs) et de *Lohengrin* (le parvis, la promenade, le chemin vers la chapelle). Ce château sera plus beau et plus confortable que Hohenschwangau situé en bas et profané tous les ans par la prose de ma mère. Ils se vengeront les dieux déshonorés, et resteront avec nous sur les hauteurs, caressés par les airs du ciel. »

Par chance, personne n'exécuta l'ordre de Louis II, qui un jour de malheur, prétendit qu'après sa mort, il voulait que l'on détruisît ses châteaux. Aujourd'hui, environ deux millions de personnes les visitent chaque année.

13

1870. LA BAVIÈRE AVALÉE PAR LA PRUSSE

Lorsque la déclaration de guerre tomba entre la France et la Prusse, Louis II désertait la plupart du temps sa capitale, occupé à la construction de ses châteaux. Ou bien il se cachait dans un des pavillons de chasse de la Couronne.

Le 15 juillet 1870, n'ignorant pas la situation, il convoque son chef de cabinet, August von Eisenhart, au château de Berg pour juger de l'intervention de la Bavière dans le conflit. Dans cette nuit d'été, un jeune souverain de vingt-cinq ans, seul avec sa charge de roi, doit prendre une décision grave qui entraîne le destin de son pays. Ou bien il se rangeait aux côtés de ceux qu'il venait de combattre – du bout des lèvres – en 1868, les Prussiens, contre la France, ou bien il s'affrontait à beaucoup plus puissant que lui, les Prussiens toujours, aux côtés des Français. Eisenhart a raconté cette entrevue.

« Le roi me reçut dans la chambre du balcon. Selon son habitude, il marchait de long en large et s'asseyait de temps à autre, tandis que je lui faisais mon rapport. Parfois Sa Majesté plaçait une observation qui révélait son intelligence vive et lumineuse. Le roi désirait de toutes ses forces une solution pacifique. Et cette phrase revenait sans cesse sur ses lèvres : “N’y a-t-il vraiment pas moyen d’éviter cette guerre ?”

La Bavière resterait-elle neutre ou devrait-elle combattre aux côtés de la Prusse suivant l’accord signé en 1868 ? Rien dans ses sympathies françaises ne vint le troubler.

“Cependant, avant de prendre une décision, dit-il, je veux attendre l’avis du conseiller Berchem. Que l’on me réveille dès qu’il sera revenu. Je n’ai pas d’autre ordre à vous donner pour le moment. Bonne nuit.” »

Le général Pranck avait dit la veille : « Si je n’ai pas reçu demain l’ordre de mobilisation, je décline toute responsabilité. »

À cinq heures du matin, Eisenhart revient à Berg. Louis II le reçoit dans son immense lit bleu, enfoncé au milieu des coussins. La mobilisation est devenue inévitable, sauf à devenir l’ennemi juré du voisin prussien.

« *Bis dat qui cito dat* », laisse tomber Louis II (qui donne vite donne deux fois).

Séance tenante, il signe l’ordre de mobilisation.

L’idée de l’unité allemande, à l’annonce de cet engagement, se réveilla avec une vigueur nouvelle parmi le peuple. Mais lui, l’amoureux de cette France qui avait fait son aïeul, roi, lui, le descendant Wittelsbach qui se pliait aux volontés des Hohenzollern, il faisait contre mauvaise fortune bon cœur, face à la nécessité. Ce fut un immense sacrifice qu’on lui demandait une fois de plus. Ne voyait-il pas son cousin Frédéric, nommé généralissime des armées prussiennes… et bavaroises ? Et son oncle Guillaume sur les marches de l’Empire qui allait l’engloutir ? On remarqua ses traits crispés lorsque les acclamations de la ville allèrent au prince prussien. Mais il faisait preuve de clairvoyance et d'habileté, comme en 1868. Désormais il fit très attention aux formulations ; à tous ceux qui lui disaient « Allemagne », il répondait « Bavière ». Ce fut son obsession, à ce sujet du moins. Lorsque Guillaume de Prusse le félicita pour son attitude « purement allemande », il répondit : « Puissent les événements être favorables à l'Allemagne et à la Bavière. »

Le prince Frédéric de Prusse écrit dans ses carnets : « 27 juillet 1870. Arrivé à Munich. Le roi Louis a changé d'une manière qui m'a surpris. Il a beaucoup perdu de sa beauté. Plusieurs dents de devant lui manquent. Il est pâle, nerveux, sa parole est inquiète. Jamais il n'attend qu'on réponde à ses questions et il en pose sans arrêt. »

Louis II refuse de recevoir l'ambassadeur de Guillaume Ier qui lui demande de se rendre en France pour la signature du traité à Versailles. En fait il convient de convaincre Louis II d'offrir le premier, en tant que roi du plus grand État du Sud, la couronne impériale à son oncle Guillaume. Sa mauvaise volonté aurait pu l'isoler au milieu de puissances qui l'écraseraient un jour. Mais l'idée que les Wittelsbach allaient perdre leur droit de souveraineté absolue sur la Bavière irritait cruellement l'orgueil de Louis II. Cette humiliation lui était si insupportable qu'il pensa abdiquer. Il disait : « Je regarde déjà mon frère comme roi. Il ne tient plus qu'à un fil qu'on crie : “Le roi Louis II est mort, vive le roi Othon Ier !” »

Maintenant il fallait encore que Louis écrive une circulaire à tous les souverains du Sud pour leur annoncer le sacre impérial de Guillaume de Prusse. C'était au-dessus de ses forces. Il renâclait. Qu'à cela ne tienne, Bismarck qui n'allait pas s'embarrasser pour si peu, lui fit parvenir le texte de l'allégeance que Louis n'eut plus qu'à recopier. Ce qu'il fit en décembre, à moitié mourant de douleur dentaire. Le comte Holstein s'empressa alors de prendre le chemin de la France.

De Hohenschwangau, d'où il pouvait toujours suivre les travaux de Neuschwanstein, Louis écrivit à Bismarck, le 2 décembre 1870 :

« Mon cher comte,
Ma lettre à votre roi, mon oncle vénéré et bien-aimé lui parviendra demain. Je souhaite de tout cœur que ma proposition rencontre aussi bien chez le roi que chez les autres princes à qui j'ai écrit, et dans toute la nation, une approbation unanime. Mais j'espère aussi avec conviction que la Bavière conservera la place qu'elle occupe, parfaitement conciliable avec une sincère politique fédérale, en même temps qu'elle offre les plus sûres garanties contre les dangers de la centralisation...
Louis »

À la signature du traité de paix avec la France, à Versailles, Louis II aurait préféré mourir que de s'y rendre. Il a donc envoyé son frère Othon pour le représenter. Il n'est pourtant pas inconscient de l'état dégradé de celui-ci. Il écrit à la baronne von Leonrod : « Il est vraiment douloureux de voir Othon dans un si pitoyable état. Il semble que cela empire de jour en jour. Il se comporte parfois tel un fou, fait d'horribles grimaces, aboie comme un chien et dit les choses les plus indécentes. Ensuite il est parfaitement normal pendant quelque temps. »

Frédéric de Prusse n'est pas moins affligé de l'état de son cousin Othon : « Il se tenait devant moi, pâle et malade, écrit-il, tremblant de fièvre pendant que je lui exposai la nécessité d'unir les travaux diplomatiques aux victoires militaires. »

Assez drôlement, le coup le plus dur pour les Bavarois fut l'uniformisation des tenues militaires. Ils virent dans la suppression du casque à chenille national, remplacé par le casque à pointe prussien, l'image choquante de leur nouvelle situation. Mais le rang de la Bavière était reconnu comme le premier, immédiatement après la Prusse.

Après la défaite de Sedan où Napoléon III et MacMahon ont capitulé et remis leurs épées à l'Allemagne, le 16 juillet 1871, les armées victorieuses font une entrée triomphale à Munich. Le roi chevauche en tête du cortège, avec à sa droite, son cousin Frédéric, à qui vont toutes les acclamations de la foule. À son front maussade, à ses regards chargés de colère, on vit que Louis était blessé. Cette parade l'humiliait. Le soir il refusa de présider le banquet militaire. Personne ne put le décider à paraître ne serait-ce qu'un instant au Palais de Cristal. « Comme si c'était agréable d'être absorbé ! » répétait-il. Le royaume de Louis II était englouti dans la grande Allemagne. Frédéric avait refusé le titre de colonel d'un régiment de chevau-légers bavarois sous prétexte qu'il devait en référer à l'empereur Guillaume. Si le roi de Bavière n'avait plus la liberté de nommer un colonel de régiment, alors c'est que vraiment il n'avait plus rien à faire là. Louis II et son cousin furent brouillés. Jamais plus ils ne se reverraient.

Le lendemain il s'enfuit dans ses montagnes, le cœur chargé de rancœur contre les Hohenzollern, usurpateurs de sa souveraineté. Il ne mit pas les pieds non plus aux fêtes du palais impérial de Berlin.

Louis venait d'écrire à Wagner : « Tous les essais qui ont été tentés pour me séparer de vous ont obtenu l'effet opposé. La privation de votre Art et de vous-même signifierait pour moi la démence ou la mort... Oh! n'oubliez pas Parsifal et esquissez bientôt par amour de moi, le projet écrit des *Vainqueurs*, comme vous l'avez fait jadis pour *Parsifal.* »

Pourtant en août 1869, la première de *L'Or du Rhin*, à Munich, avait été l'occasion d'une crise violente entre Wagner et Louis II. Le musicien avait imposé Hans Richter au pupitre de chef d'orchestre. Or Louis n'en voulait à aucun prix. Il renvoya « cette canaille de théâtre » et écrivit à son secrétaire Düfflip : « Le personnel du théâtre obéira à mes ordres et non aux humeurs de Wagner. J'ordonne que la représentation ait lieu dimanche. Si à nouveau Wagner ose désobéir à ma volonté, je lui retire son traitement pour toujours et plus une seule de ses œuvres ne sera jouée à Munich. » Ce qui n'arriva jamais bien sûr.

Le 9 septembre 1870, en pleine guerre, un hebdomadaire musical de Munich écrit : « La représentation de *La Walkyrie* est meilleure que celle de *L'Or du Rhin* et le public plus important. L'engagement politique du roi de Bavière entraîne avec une rapidité surprenante, la solidarité de l'Allemagne entière. Le roi fut accueilli dans sa loge de la manière la plus enthousiaste par l'ensemble du public, l'orchestre entonna l'hymne national. » La lutte pour faire accepter la musique de Wagner était un triomphe. Louis II écrivait au musicien : « L'obtuse, l'aveugle humanité commence enfin à comprendre et à éprouver du remords de sa honteuse conduite à votre endroit. »

Mais le mal est fait. Louis II, blessé dans sa royauté et dans sa passion pour Wagner, se voit comme un homme trahi. Si le gouvernement politique, économique et militaire de son pays lui échappe, personne ne l'empêchera d'user de son budget personnel et de celui de l'État au besoin pour continuer à donner corps à son rêve.

Bien que le château féodal de Neuschwanstein soit loin d'être terminé, il met en chantier un nouveau projet dans le parc de Linderhof, près du village d'Ettal, non loin de la frontière autrichienne. En attendant, il se cache régulièrement dans des chalets plus modestes posés au cœur des montagnes du Tyrol.

Dans le parc de Linderhof, une porte mystérieuse se dissimule parmi les rochers. Elle ouvre sur une grotte assez vaste où les fausses stalactites envahissent les murs. La barque en bois doré de Lohengrin flotte sur un petit bassin, au bout duquel un grand panneau de peinture représente le Venusberg. Des lumières branchées sur dynamos changent de couleur toutes les dix minutes grâce au mouvement tournant de lanternes multicolores. Les trois Grâces, une armée de Cupidons sculptés, entourent Tannhäuser couché aux pieds de la déesse, comme au premier acte de l'opéra. Louis vient y déjeuner en compagnie de ses favoris, Richard Horning, son écuyer, plus tard, un jeune acteur, Joseph Kainz, qui lui a plu, ou un chasseur des environs. Il déjeune sur le rocher de Lorelei, sur une table en corail. La lumière bleutée qu'il affectionne donne au lieu une atmosphère irréelle.

Celui-là est dédié à *Tannhäuser*, mais un peu plus loin un autre ermitage dédié à *La Walkyrie*, lui sert de cabinet de lecture ou de chambre à coucher. C'est une hutte construite de poutres puissantes, au cœur de la forêt. Un vrai décor de théâtre au milieu des arbres. La demeure de Hunding au premier acte de *La Walkyrie*. Des peaux de bêtes sont jetées sur la terre battue. Au milieu, l'énorme frêne sur lequel s'appuie la cabane et dont les branches se mêlent au toit, porte, enfoncé jusqu'à la garde, le glaive sacré qui donnera la force à celui qui saura l'arracher. Armes de chasse, cornes à boire, ramures de cerf, têtes de sanglier, rien ne manque des accessoires wagnériens.

Louis, en toute simplicité, eut l'idée d'y donner *La Walkyrie.* Mais il y renonça pour ne pas déclencher l'ire des conservateurs de Munich qui s'inquiètent déjà des dépenses incessantes de ses constructions. Et puis il a déjà déclenché de hauts cris lorsqu'il a voulu qu'on joue le Ier acte de *Tannhäuser* dans la grotte de Vénus.

Il écrit à Joseph Kainz : « Cela m'afflige toujours de voir mes innocentes fantaisies ébruitées et méchamment critiquées. Que d'heures pénibles on m'a déjà fait passer ainsi ! Pourquoi donc veut-on me refuser des distractions qui ne font de tort à personne ? J'avais projeté aussi de faire représenter le premier acte de *Tannhäuser* dans la grotte de Vénus. Mais il fallait des chœurs, un corps de ballet, en un mot un personnel beaucoup trop considérable. On m'aurait reproché avec raison ces dépenses. Aussi n'y ai-je plus pensé. »

Louis passe là des heures à lire en buvant du champagne, pendant qu'un petit orchestre invisible lui joue le *Chant du printemps* ou le *Murmure de la forêt*, issus de *La Walkyrie* et de *Siegfried.*

Plus loin encore, perdue dans les bois, c'est la cabane du pieux solitaire, Trevrezent. Là règne un dépouillement, relatif au personnage de Parsifal. Croix de bois, foyer de pierre, lit de pénitence, rappellent le poème de Wolfram d'Eschenbach. Encore plus haut vers les cimes on trouve comme tombés du ciel, le kiosque mauresque et la maison marocaine que Louis II avait eu le désir de rapporter en Bavière, à l'Exposition universelle de Paris. Tous les styles orientaux s'y trouvent mêlés avec luxe de tentures, de soieries, de lanternes, samovars et autres encens indiens. Car Louis est en train de lire, écrit-il à Wagner, « un ouvrage fascinant sur l'Inde, le Brahmanisme et le Bouddhisme ». Il se glisse en rêve dans les fastes de l'Inde légendaire et la splendeur des maharadjahs.

Sur le mont du Hochkopf, un chalet d'apparence modeste dissimule un véritable palais. Et puis de loin en loin, toutes sortes de huttes sont disséminées, où Louis II pourra se cacher quelle que soit l'ardeur qu'on mettra à le débusquer. Tegelberghutte, Kramelsberghutte, Halbammerhutte. Sur le Wetterstein, le petit chalet de Schachen recèle les fastes parfumés d'un vrai sérail. Au milieu de la pièce enfumée de senteurs orientales et de parfums capiteux, une petite fontaine fait entendre son murmure. Selon son humeur, Louis II se fait coiffer, masser, bercer de musiques, dans ses palais de Mille et Une Nuits où les poêles autrichiens de faïence diffusent une douce chaleur.

Dehors, il neige et vente. C'est l'hiver. Louis écrit à son neveu Rodolphe, le fils d'Élisabeth qu'il aime beaucoup :

« Je passe mes journées d'hiver dans les montagnes, délicieusement absorbé dans des livres fascinants dont la lecture est un enchantement. »

Pendant ce temps Richard Wagner se démène pour trouver le théâtre de ses rêves. Et Louis II ne quittant pas des yeux les travaux de Neuschwanstein, s'apprête déjà à entamer Linderhof.

14

LE ROI DES ALPES

Il faut dire que lorsque Louis II sollicita du Parlement des millions de florins pour la construction du théâtre wagnérien à Munich, ce fut un tollé général. Devant cette violente indignation le projet monumental de Semper fut abandonné définitivement.

C'est alors que les habitants de Bayreuth offrirent au musicien le terrain nécessaire à la scène grandiose qu'il avait conçue. Mais le succès de Bayreuth ne tarda pas à faire regretter leur prudence aux Munichois.

Louis II offrit 300 000 florins pour aider à construire « le Temple du Saint Graal ». Le 22 mai 1872, la première pierre fut posée. Louis, mobilisé par ses châteaux, écrivit à Wagner : « C'est du plus profond de mon cœur, mon bien cher ami, que je vous exprime en ce jour, auquel est intéressée l'Allemagne entière, mes souhaits de bonheur les plus ardents et les plus sincères. Gloire et prospérité à votre grande entreprise ! Aujourd'hui plus que jamais je suis en esprit avec vous ! »

Ce fut le 6 août 1876 seulement que Louis II parut à Bayreuth pour une représentation de *L'Or du Rhin*. La ville lui fit un accueil enthousiaste. Le lendemain, il regagnait Munich en hâte, ne tenant pas à se retrouver en présence des empereurs d'Allemagne et du Brésil ainsi que du prince Constantin de Russie invités à cette représentation. Il consentit à revenir lorsque le cortège des souverains s'en fut allé. Et cette fois, en plein théâtre, le public des amateurs, instruit de la part qu'il avait prise au succès de Wagner, fit au roi une ovation splendide.

Comme on le voit dans la lettre qu'il lui adressa, ses relations avec le musicien s'étaient refroidies. Il n'est plus question de « Mon Unique, mon divin ami », ni de « Mon ami unique et ardemment aimé ».

En 1882, Wagner fut encore invité ainsi que sa femme à Munich pour une représentation de *Lohengrin*. Mais ils ne se revirent plus jusqu'à la mort de ce grand ami, le 13 février 1883 à Venise, dans le palais Vendramin. Il envoya un émissaire pour le représenter aux obsèques.

Durant ces années, la souffrance causée par les déceptions s'inscrit sur les traits du roi. Un embonpoint disgracieux empâte sa silhouette et son visage. Où est passé l'adolescent longiligne et gracieux monté sur le trône de Bavière en 1864 déchaînant la ferveur des foules ?

Un accident d'équitation ou bien son poids – il pèsera jusqu'à 120 kg – lui interdisent ses longues promenades quotidiennes à cheval. Ses courses dans les Alpes se font dès lors en traîneau, la nuit. À la lumière des torchères, les habitants des sommets voient soudain au détour d'un mont, apparaître une lueur fantastique qu'annoncent le tintement des clochettes et les sabots des chevaux. Dans son lourd esquif de bois doré, surmonté d'angelots sculptés et d'une couronne royale, le roi, enveloppé de fourrure d'hermine, passe comme dans un songe.

Les valets à cheval, en costume Louis XV, ouvrent la route au traîneau tiré par quatre chevaux blancs empanachés, dont deux sont montés. Un garde immobile se tient debout en arrière du roi. Une ampoule incluse dans une couronne dorée au sommet du traîneau diffuse une lumière blanche qui éclaire le chemin. Dans ce décor de neige qui scintille, Louis, spectral, impose d'extravagantes équipées nocturnes à ses écuyers. Si la lune est belle, il fait stopper la troupe et boit un café chaud dans un service de porcelaine emporté à cet effet. Coiffé d'un feutre aux bords relevés, orné d'une aigrette de diamant, Louis reste silencieux, ses mains gantées de peau de cerf, posées sur une couverture de loup.

Il arrive en pleine nuit dans un de ses châteaux où il surprend tout le monde. D'un coup de baguette magique tous les salons s'illuminent, un peuple de serviteurs ensommeillés s'agite en tous sens, armés de flambeaux. Les feux jaillissent dans les cheminées jetant des lueurs étranges dans l'obscurité. On nettoie la neige qui encombre l'accès, on dresse un banquet de volailles froides et de vins, de sucreries, de champagne. À l'aube le roi repartira laissant les lieux retomber dans le silence profond des montagnes jusqu'à sa prochaine visite éclair.

Le jour on le voit passer dans une énorme berline de théâtre, flambant de dorures fantastiques au soleil. Peut-être celle qu'il fit construire pour son mariage manqué avec la princesse Sophie de Wittelsbach, sa cousine. Des génies, des tritons, des lions, les armes de Bavière, des couronnes sont gravés, dorés, brodés, un peu partout. Tout n'est que fleurs, fruits, festons délicatement ciselés. Sur les portières, sont peintes des scènes de la vie de Louis XV, revue, bal, cérémonie royale. À l'intérieur tout n'est que soierie bleutée, coussins brodés d'or, soleil en relief. Les chevaux sont caparaçonnés de brocarts bleus, les écuyers et le cocher, en tricorne. Louis vit son rêve de théâtre. Les rois Bourbons, XIV, XV et XVI, ses idoles, l'accompagnent dans ses fuites enchantées. Il les a invités.

Il s'arrête chez les habitants, parle aux enfants, distribue des florins, pose des questions. Les gens du peuple aiment qu'il aille jusqu'à eux. Il gagne leur affection par son écoute attentive. Il aime leurs danses, leurs chants, leurs animaux, leur culture des bois, leurs chasses. Et plus que tout, la beauté des jeunes hommes, qu'il convie dans ses chalets pour des saturnales dont son journal portera les marques affolées. Sur les peaux de loup jetées à même le sol, des Adonis pleins de fougue font tourner la tête du roi fasciné. Le champagne coule à flots.

Cela devient un casse-tête chinois de mettre la main sur lui. Il fuit sans arrêt de château en refuge, de chalet en village. Il reçoit ses ministres en pleine campagne et signe les documents au milieu des sons de cloche des vaches et des aboiements des chiens. Bismarck lui-même ne gouverne-t-il pas la Prusse de son domaine de Varzin ?

Pfistermeister, ayant longuement recopié les décrets ou correspondances à présenter au roi, attend, en habit, d'être appelé auprès de lui. Cela peut durer des heures ou des jours. L'urgence l'oblige parfois à rejoindre Louis II dans ses pavillons de chasse, qu'il neige, qu'il vente ou que le soleil tape dur. Il fait son compte rendu en plein air, son gibus sous le bras, ayant cahoté sans fin dans les chemins abrupts des Alpes.

À Munich, le roi se rend encore à des représentations de théâtre dans la salle de la Residenz, mais un soir il quitte, fou de rage, une séance d'*Iphigénie* et convoque le directeur, Ernest von Possart. « Je ne peux avoir aucune illusion au théâtre tant que les gens me fixent sans cesse et épient chacune de mes mines avec leurs jumelles de théâtre. Je veux moi-même regarder et ne pas être un objet de curiosité pour la foule. »

C'est ainsi que commencèrent les représentations auxquelles Louis II assistait seul. Il choisit les pièces qu'il veut entendre. *La Comtesse du Barry*, *L'Éventail de la Pompadour*, *Un ministre sous Louis XIV* que des écrivains sans grand talent écrivent sous ses ordres.

Il écoute les opéras de Wagner, mais aussi Gluck, Verdi, Meyerbeer. La salle vide reste dans l'obscurité, les machinistes portent des chaussures de feutre pour se déplacer sans bruit. L'actrice Charlotte Wolter, qui joue Madame de Pompadour, écrira : « Je savais que le roi ne me quittait pas des yeux, qu'il était assis dans sa loge, dans un recueillement et une attention parfaite, et si profondément pénétré qu'il retenait même sa respiration pour ne pas trahir sa présence et ne pas se déranger lui-même… Quand, vers quatre heures du matin, le dernier acte fut terminé et le rideau tombé, on nous donna l'ordre de rester sur la scène, sans un mouvement, afin que le roi ne soit pas dérangé. Il a en effet l'habitude de rester un certain temps dans sa loge pour réfléchir à ce qui vient de se passer, comme quelqu'un à qui il en coûterait de revenir à la réalité. » Il lui en coûte tant qu'il la fuit de plus en plus.

En juillet 1874, il a dû se résoudre à donner quelques réceptions à Munich en l'honneur de l'empereur Guillaume, son oncle. D'un côté on voit un vieux monsieur encore robuste, alerte, et de l'autre, le souverain bavarois, qui exprime la lassitude et l'ennui. Quelques semaines plus tard, Louis II a disparu. On dit qu'il est à Berg ou dans ses pavillons de chasse. En réalité, il est parti à Paris, en grand secret, sous le nom de comte de Berg, en compagnie de son grand écuyer von Holstein. Il est descendu à l'ambassade d'Allemagne, rue de Lille, occupée par le prince de Hohenlohe. Il faut préserver l'incognito du roi car la France vient de l'affronter dans les rangs ennemis, aux côtés des Prussiens.

Louis court les musées, les théâtres et les marchands d'antiquités, le Louvre, les Invalides, Notre-Dame de Paris, mais rien ne l'attire comme Versailles. C'est le but de son voyage. Il demande à nouveau à ce qu'on fasse jouer les grandes eaux pour lui seul. Un commissaire de police commis à la protection du roi, Charles Fontaine, le décrit : « Le roi est d'une taille fort peu commune. Il est fort, très large d'épaules, il porte la tête très haute et passe souvent la main dans sa chevelure qui est abondante et bouclée. Il a la figure pleine, les yeux petits et intenses. Sa barbe est châtain clair. Il porte la moustache et le collier. La démarche du roi est très particulière. En marchant il frappe du pied, jette la jambe droite de côté et fait un mouvement des hanches qui semblerait indiquer une gêne du bas du corps. Il a porté pendant tout son séjour à Paris, la même tenue qu'à son arrivée, un paletot en drap bleu et un pantalon de même couleur. À sa chemise trois fleurs de lys d'or, qui servent de boutons de manchette, et qui ont au moins trois centimètres de long. »

La presse ne l'épargne pas. Son incognito a vite été démasqué. On peut lire sous la plume du journaliste Edmond About : « La France n'attend rien du roi Louis, il ne peut nous servir à rien, car il s'est livré pieds et poings liés à la Prusse. » Et encore, dans *Le Figaro* : « Le roi de Bavière n'a jamais accompagné ses soldats autrement qu'au piano… On dirait que la Bavière l'a emprunté à un conte de fées. »

Il retournera en France à plusieurs reprises l'année suivante. Pour visiter la cathédrale de Reims où furent sacrés les rois de France. Mais ne manquera pas de revenir fureter au Petit Trianon qu'il compte bien reproduire chez lui, en Bavière, à l'identique.

15

LINDERHOF

Ainsi naîtra Linderhof qui n'est encore qu'un pavillon de chasse des plus modeste lorsque Louis II décide d'y élever une demeure royale. Louis XIV avait asséché des marais pour y installer le parc de Versailles, mais le défi n'est pas moindre à côté du petit village d'Ettal. Dans les montagnes du Tyrol, au milieu de hautes murailles de roches abruptes où les sapins prolifèrent et la neige couvre les pentes près de six mois de l'année, Louis exigeait un palais précieux et des jardins à l'italienne, à la française ou à l'anglaise… tout ceci mêlé.

Dans ce décor inaccessible à première vue, comme à Neuschwanstein, Louis dresse un hommage de pierre à la splendeur éternelle du Roi-Soleil. Il l'appelle « Meicost-Ettal » qui est l'anagramme de « l'État c'est moi », formé avec le nom du petit village voisin. Les jardins montent en terrasses vers le temple de Vénus. La façade chargée de colonnes et de statues, mariant le baroque au style de la Renaissance italienne, se reflète dans la pièce d'eau centrale. La fontaine en zinc doré représente la déesse Flore entourée d'angelots. L'eau venue des sommets jaillit à heure régulière.

On a planté des chênes, des érables et des hêtres ; dessiné des allées dans le parc de trente hectares ; taillé des buis à la française. À l'arrière du château, la chambre du roi donne sur une enfilade de jardins en étages qui aboutissent en contrebas à la réplique du bassin de Neptune. Des angelots et des statues de déesses jalonnent les jardins dans cette nature alpestre, verdoyante ou enneigée, selon les saisons. L'eau des fontaines et le vent, seuls, animent le silence des monts. Louis II construit son Petit Trianon à mille mètres d'altitude, au milieu des sapins.

Dès le vestibule d'entrée la devise des Bourbons, *nec pluribus impar* – je surpasse les autres – s'inscrit dans un soleil aux rayons de feu, au-dessus de la statue équestre de Louis XIV, jeune. Elle est en bronze, sur un socle de marbre noir, entouré de quatre piliers de marbre rouge. Sur l'escalier en corbeille, un splendide vase de Sèvres offert par Napoléon III, représente Esther devant Assuérus, en hommage aux pièces que faisait jouer Madame de Maintenon aux jeunes filles de Saint-Cyr. À l'étage, un cabinet jaune est dédié aux maîtresses de Louis XV. Elles s'y côtoient paisiblement pour longtemps encore. Les copies de Watteau, de Boucher, de Le Brun occupent les caissons de bois doré, au milieu d'un luxe de pierres rares, de bronze doré, de cristal, de porcelaines, d'émaux, de médaillons peints, miniaturisés, ciselés, représentant des scènes de la vie de Versailles.

La salle dite d'audience – y en eut-il jamais ? – est en vert et or. Surtout en or. La surcharge de la décoration est étourdissante. On pourrait dire entêtante. Il s'agit bien d'une création conçue par le décorateur de théâtre Christian Jank. Fourrure d'hermine, lourdes tentures de velours brodées d'or, candélabres à douze branches, lustres de bronze doré, pare-feu en dentelle de métal, fauteuils et tables de bois sculpté, la dorure est partout. L'ensemble est indescriptible de détails plus riches les uns que les autres, transpirant une recherche obsessionnelle du XVIIIe siècle français.

Sous les armes de la Bavière, le trône royal attend le majestueux paraphe du souverain énamouré. Le cabinet bleu et le cabinet rose dont les murs sont tendus de soie encadrent la chambre du roi. Dans le premier, la duchesse de Châteauroux, Louis XV et la Pompadour, dans le second, Maupéou, la du Barry et le duc de Choiseul.

La chambre est de loin, la plus vaste pièce du château. C'est une réplique de la chambre de Louis XIV. La balustrade de bois doré qui encercle le lit manifeste la barrière sociale, souveraine et morale qui doit protéger le roi de toute atteinte. La pièce est une débauche hallucinante de boiseries sculptées et dorées. Le monumental lustre de cristal de Bohême porte cent huit bougies. Le dais magnifique de velours bleu sombre qui surplombe le lit tombe d'une frise de bois ciselé où les angelots proclament la majesté du roi de droit divin. L'or est partout, enivrant, écrasant, redondant, luxueux, travaillé. Trahissant la soif insatiable de l'homme affolé qui l'a convoqué.

À cette époque, il écrit dans son journal : « Je fais le serment solennel, par le signe pur et saint des lys royaux, à l'intérieur de l'infranchissable et invulnérable balustre qui entoure le lit royal, pendant l'année qui vient juste de commencer, autant qu'il est jamais possible, de résister bravement à toutes les tentations et de ne jamais céder dans la mesure du possible, ni en actes, ni en paroles, ni même en pensées. De cette façon me purifier de plus en plus de la fange qui, malheureusement, s'attache à la nature humaine, et ainsi me rendre de plus en plus digne de cette couronne que Dieu m'a donnée. »

Dans la salle à manger ovale, chargée d'un lustre en porcelaine de Meissen, de même qu'au Petit Trianon, la table monte du sous-sol, déjà servie de victuailles, et disparaît lorsque le roi s'est restauré. Louis est seul à table, parfois accompagné d'un favori choisi pour sa beauté, palefrenier, coiffeur, écuyer ou parfois, comme on le verra, jeune comédien dont il s'est entiché. Les ombres de Marie-Antoinette ou de Louis XVI lui sont tellement présentes, qu'il lui arrive de les saluer avec respect comme s'ils partageaient son repas. Le souvenir du temps présent lui est odieux et gare à celui qui trouble son rêve. Il peut être congédié sur-le-champ.

Quant au salon des glaces, peut-être la pièce la plus surchargée, il croule lui aussi sous les boiseries dorées ; il est éclairé par un lustre en ivoire à seize branches qui se démultiplie à l'infini dans les miroirs. Les deux cheminées en lapis-lazuli sont cernées de ferrures dorées merveilleusement travaillées. La pièce entière est une bonbonnière ultra-luxueuse où l'on pense étouffer sous la richesse de la décoration.

Et pourtant toute cette folie décorative n'est encore pas ce qui définit le roi lunaire. Non, l'ironie de son rêve se lit mieux dans une autre manière accordée à ses lubies. Louis s'amuse à enfermer des splendeurs dans des masures d'apparence misérable et à déployer un luxe oriental dans ses chalets de montagne.

Ici, dans le parc de Linderhof, sa malice souveraine atteint des sommets : il fait édifier ou reconstruire un kiosque mauresque au cœur des Alpes. C'est celui devant lequel il était tombé en arrêt à l'Exposition universelle de Paris. Le petit monument est arrivé par le train en trois cents pièces détachées qu'il a fallu hisser jusqu'en haut. De loin, on dirait du marbre. Mais ce n'est que de la tôle peinte en blanc. La coupole, dorée à souhait, est flanquée de minarets aux quatre coins. En entrant, on est saisi par une atmosphère orientale digne des plus beaux palais d'Arabie. Un lustre étoilé de petites lanternes multicolores éclaire un divan de brocard où Louis vient fumer le narguilé en houppelande de soie brodée. L'intérieur précieux est décoré de plaques de métal compressées et peintes de motifs orientaux. La lumière changeante provient de vitraux multicolores ; au centre un bassin de marbre où coule une fontaine dorée, apporte la fraîcheur aux jours d'été. Des brûle-parfums, des éventails, des petites tables octogonales, des dessus de nacre ou de laque bleue et dorée, des ogives dentelées soutenant le toit, elles-mêmes posées sur de petites colonnes dorées, emportent l'esprit, loin des Alpes qui frappent à la porte.

Mais, le plus fou, reste l'incroyable trône des trois paons. Le plus grand, au-dessus, fait la roue, et les deux plus petits en dessous, aussi. Leurs corolles bleutées sont incrustées de verre de Bohême découpé en petits ronds d'un bleu ravissant. La grâce de cet ensemble qui représente des milliers d'heures de travail se découpe sur des vitraux d'une gaieté et d'une fraîcheur étonnantes. Il surplombe le trône en divan somptueux, devancé par une table octogonale de laque bleu foncé. Et Louis de s'exclamer entre rire et larmes : « Je sens que je me rends très utile à la société : je suis une figure indispensable à la médisance. » Pauvre Louis ! Aucun de ses commensaux, à part quelques femmes dites écervelées, n'ont anticipé l'incroyable succès de ces constructions qui moquaient par leur insolence la lourde convention sociale.

La nuit, en traîneau, il file à travers les forêts et les monts de château en château, de huttes en chalets, dans la Haute

Bavière, domaine absolu du Roi Lune, comme l'appela Guillaume Apollinaire.

Le Roi Lune devient de plus en plus misanthrope. Il perd le sens des relations humaines ordinaires. Son rêve l'enivre et lui fait perdre le nord. Il s'éloigne de plus en plus des réalités triviales qui lui font horreur. L'étiquette l'insupporte lorsque ce n'est pas celle de Charles Quint ou de Louis XIV. Il prend l'habitude de signer ses déclarations d'une écriture impérieuse : *Yo el Rey*.

Les laquais se courbent pour lui présenter les excuses de tous ceux-là qui ne le comprennent plus. Dans une conversation, l'interrompre est un péché mortel. Un message télégraphique au lieu d'une lettre est une insulte. « Sa Majesté est de mauvaise humeur, elle a remarqué que le chef de cabinet n'était pas bien disposé à son égard hier, et pour cela, elle ne le recevra pas aujourd'hui. » Si un document l'exaspère, il refuse de le signer et le réduit en morceaux. Il répète à tous vents « Je veux être laissé en paix ». Les ministres menacent de démissionner. Il refuse leur démission. C'est lui qui décide. Ils en sont réduits à trouver des alliés parmi les domestiques, les palefreniers. Ils passent par Richard Horning qui se conduit en galant homme. Mais lorsqu'il leur faut échanger des informations avec le piqueur Hesselschwerdt qui agit en intrigant, le perruquier Hoppe qui abuse de son pouvoir, ou le valet de chambre Mayr et le chevau-léger Weber, ils constatent le bouleversement des valeurs qui règne à la cour du roi. Pour chaque incident désagréable, le chef de cabinet reçoit un billet bourré de fautes d'orthographe, rédigé par un domestique.

Louis, irrité, a chargé un laquais de lui trouver un successeur. Le laquais a procuré au roi les photos de deux très beaux jeunes garçons pour s'attirer ses bonnes grâces. Évidemment cela ne convient pas. Ces personnages douteux rampent devant le souverain, mais se montrent pleins d'arrogance et de violence lorsqu'il s'agit de défendre leurs prérogatives. Quant aux ministres, ils subissent de plein fouet les humeurs du roi, les contacts avec les subalternes, les situations les plus humiliantes, ou les plus ridicules. Louis depuis longtemps n'a plus confiance en eux. Il pleure toujours son rêve d'amour et de pureté avec le musicien qui l'a trahi. Il endort son chagrin par la nourriture, qu'il engloutit comme un ogre, et surtout, par ses châteaux, devenus son œuvre, sa création wagnérienne, ses opéras de pierre, ses jouets de grand enfant inconsolable. Des jouets hors de prix qui scandalisent la vieille garde de Munich.

Un jour que son conseiller Düfflip lui expose la situation financière devenue des plus tragiques, Louis l'interrompt continuellement pour ne pas être forcé de répondre, de décider et de trouver des solutions. Lorsqu'on lui demande en conclusion : qu'allons-nous faire ?, il répond avec le plus grand sérieux : « Savez-vous qu'on a vu l'actrice qui joue la marquise de Pompadour et le baron von Pfordten sous le même parapluie, à la sortie du théâtre ? » « Je m'en moque bien », répond Düfflip. Louis lui tourne le dos. Le lendemain il refuse sa porte au conseiller.

Chaque fois que des souverains étrangers traversent Munich, comme le prince Napoléon ou le prince héritier d'Italie, il se dérobe immanquablement aux réceptions d'accueil dont doit alors se charger son oncle, le prince Luitpold. Il suffit qu'un invité de marque annonce sa visite pour que le roi se sauve dans la montagne et coure se cacher au fond de ses châteaux.

16

HERRENCHIEMSEE : UN OPÉRA DE PIERRE

Le roi se cache pour accomplir ses forfaits, dit-on. Quels sont-ils ? Bien innocents pourtant. Une fois son ombre évanouie dans les montagnes, il en profite pour s'offrir des escapades à Paris. Un jour, deux jours d'absence, arrachés à sa vie de roi. Anonyme, simplement accompagné de Richard Horning, il se déplace sur l'impériale des omnibus. Hante les marchands de livres anciens, de gravures et d'antiquités. Commande des documents rares, consulte des peintres et artisans français susceptibles d'avoir travaillé à Versailles, ou connu ceux qui y ont travaillé. Il note tout. Pour donner ensuite des indications d'une précision redoutable aux exécutants. On doit retrouver dans les médaillons qui envahissent les murs et les meubles de ses châteaux, les jeux, les bals, les couronnements, les ambassades, les audiences, les chasses, les baptêmes, les entrées triomphales dans les villes qui ont ponctué la vie des Bourbons.

Il écrit en marge des cartons : « le costume du roi, noir avec des parements rouges », « les couleurs des drapeaux ne sont pas celles-ci », « le lit n'est pas assez détaillé, il faut rester le plus près possible de la gravure que j'ai donnée comme modèle », « les cheveux des dames doivent être poudrés ». Et le peintre de reprendre son travail jusqu'à complète satisfaction du roi.

Pendant la guerre de 70, les billets qu'il adresse à son chef de cabinet Eisenhart ont bien peu de rapport avec le conflit où se joue l'avenir de son pays. « J'ai bien confiance de recevoir le plus tôt possible la reproduction des traîneaux royaux. Faites l'impossible. » Rien ne saurait être différé. Le temps presse. Louis n'a pas l'intention de vivre longtemps. Il l'a dit. La tâche est titanesque. Pendant dix ans les ouvriers travaillent d'arrache-pied pour satisfaire à ses exigences. « Procurez-moi immédiatement des gravures de l'intérieur de Saint-Cloud », demande-t-il. « Écrivez tout de suite à Paris pour inciter Phélipeau à hâter la remise des tableaux que je lui ai commandés. » « Envoyez immédiatement à Paris un homme de confiance qui devra se procurer la photographie du buste de Marie-Antoinette qui se trouve dans l'appartement de la reine à Versailles. » Les dimensions des documents comptent aussi : « La photographie que Braun a faite de l'eau-forte *Marie-Antoinette descend à l'Hôtel de Ville*, étant plus petite que l'original, que le photographe Albert se rende immédiatement à Paris pour prendre une photographie de l'aquarelle qui appartient à Goncourt, dans les dimensions identiques à l'original. » Ou encore : « Même si c'est extrêmement difficile, envoyez-moi avant la fin de la journée le volume de Griesinger, *Gouvernement de femmes sous Louis XV*. Je voudrais en lire un chapitre sur Adrienne Lecouvreur. » Car il pratique un excellent français. L'obsession de Versailles le hante. Il a décidé de le reproduire à l'identique en Bavière. Selon lui, le lieu est tout trouvé.

Une île aride et nue au milieu d'un lac mélancolique, le Chiemsee. L'île d'Herrenwoerth, appartenant au domaine de la Couronne, près de Munich, pourra à peine supporter le poids d'un tel bâtiment. Le lac ronge ses bords. Ce n'est que sable et marécage. On raconte qu'autrefois un château fut englouti dans ses eaux. C'est là pourtant que Louis va faire surgir le dernier grand rêve de sa vie.

Linderhof achevé, l'interminable Neuschwanstein continuait à engloutir des sommes astronomiques. De nouvelles lubies, des caprices soudains, venaient sans cesse bouleverser la prévision des dépenses. La liste civile du roi s'épuisait, le Trésor royal aux mains du gouvernement ne s'ouvrait qu'à contrecœur et de moins en moins. Herrenchiemsee se révéla un gouffre sans fond. La prodigieuse réplique coûta aussi cher que l'original. Sauf que dans ce vaste palais désert où l'on avait entassé les richesses, un souverain solitaire, sans cour, sans courtisans, sans maîtresses, flânait, aux prises avec ses rêveries légendaires. Il n'y viendrait d'ailleurs que quelques jours par an, comme si l'écrasante bâtisse le renvoyait à l'intimité de ses chalets. Les bourgeois de Munich qui avaient gagné la bataille contre Wagner, le sybarite, s'aperçurent qu'ils n'avaient encore rien vu. Un complot politique s'organisait contre le roi. Mais il opposait un mépris polaire aux articles de presse et à l'opinion publique. Seuls les montagnards, innocents des cabales montées contre lui, trouvaient grâce à ses yeux. Depuis longtemps il fuyait les rats des villes et leurs intrigues.

Il ferait tout en grand, en plus grand même, n'en déplaise aux raseurs. Les calomnies attisaient son orgueil. Il bâtirait le cercueil magnifique de sa royauté déchue. Car, oui, ses châteaux ont le goût mortel d'un monde disparu, artificiellement ressuscité par la rage d'un lion blessé.

Neuschwanstein était l'hommage à la pureté du cygne. Herrenchiemsee serait dédié à l'orgueil du paon. À la folle vanité du Roi-Soleil, que Louis II avait endossée comme la sienne propre. Une façade de 103 mètres, des corps latéraux inachevés, prévus comme devant mesurer 143 mètres, l'escalier des Ambassadeurs, de 35 mètres de largeur et de 13 de profondeur.

Quant à la galerie des Glaces, elle fait 5 mètres de plus que l'originale, 98 mètres de long, en comptant le salon de la Paix et le salon de la Guerre. Elle est garnie de 17 fenêtres aux balcons monumentaux, et de 17 miroirs démesurés. Les trente-trois lustres de cristal, qui n'existent pas à Versailles, et les quarante-quatre torchères déversent une lumière fantasmagorique et folle. Des milliers de chandelles, des dizaines de candélabres illuminent cette perspective dorée et déserte où le Roi Lune s'incline devant les fantômes de Marie Leczinska, de Marie-Antoinette ou de Louis XVI. Seul avec ses ombres, il foule de son pas cadencé le parquet « de Versailles » marqueté de fleurs en bois de rose sous chaque fenêtre. Divinisé par son rêve, il embarque dans ce long vaisseau de lumière.

Dans la chambre dite « de parade » trône un somptueux lit de pourpre et d'or dont les broderies ont occupé pendant sept ans une vingtaine de « petites mains ». Les détails eux-mêmes sont démesurés. Tel encrier en or ciselé n'a pas moins de soixante-dix centimètres de haut, tel cendrier de marbre ressemble à un cierge pascal. On peut par inadvertance se casser le pied sur un cache-pot lourd comme un monument. Où que les yeux du roi se portent, ils rencontrent Louis XV et ses filles, Louis XV à la chasse ou au théâtre, Louis XIV à cheval triomphant, le prince de Condé, Monsieur, frère du roi, le duc d'Orléans, la

Pompadour, Marie-Antoinette en Dauphine de France, à cheval, ou en robe de cérémonie.

La première pierre est posée le 21 mai 1878. Avec un budget qui se montera à plus de cinq millions de marks. Pour des travaux qui dureront seize ans. Soixante-dix pièces sont prévues. Vingt-trois seront réalisées. Au pied de l'escalier nord, les travaux étant définitivement interrompus par la mort du roi et l'arrêt de l'hémorragie financière, le rêve s'écroule brutalement. La statue en marbre blanc de Louis II veille sur un vaste espace de pierre et de briques, à nu, attendant toujours leur parure d'or.

Dans la première antichambre, dans la seconde antichambre, appelée salon de l'Œil-de-bœuf à cause de l'ouverture pratiquée dans la corniche du plafond, toutes les proportions sont augmentées. Dans cette dernière, trône la statue équestre de Louis XIV, en bronze, éclairée par trois lustres de cristal. C'est là que les seigneurs admis au lever du roi, à Versailles, devaient patienter pour participer aux petites et aux grandes entrées.

Mais le clou d'Herrenchiemsee est la chambre d'apparat du roi. Le théâtre hystérique de la puissance et du luxe. Un lit monumental sculpté, contourné, croulant de dorures à l'or fin, surmonté d'une couronne triomphale portée par des angelots armés d'épées. Le dais de velours bleu, brodé et rebrodé, les murs de l'alcôve tendus de lourdes tapisseries enchâssées d'or. Deux somptueux candélabres de chaque côté du lit rivalisent également de dorures et d'un travail de sculpture étourdissant. Et, bien sûr, la balustrade en bois doré, qui entoure le lieu sacré du repos du roi. Ouvragée, impérieuse, luxueuse, inondée de la lumière des lustres aux 322 bougies. Les fresques du plafond, dans des caissons sculptés de bois doré, représentent le messager des dieux de l'Olympe, Mercure. Le roi ne dormira jamais dans cette chambre, inaccessible au grand public sous son règne.

Dans son esprit, c'est un hommage délirant à la splendeur de Louis XIV ; à la divinité royale telle qu'elle n'existe plus ou n'a jamais existé. Quatre cents kilos d'or fin en minces feuilles, étincellent sous les rayons du soleil couchant, lorsque Louis arrive pour y séjourner quelques nuits.

Même le grand portrait de Louis XIV en tenue d'apparat, peint par Rigaud, qui se trouve à Versailles dans le salon d'Apollon, se trouve ici reporté, avec son pendant, celui de Louis II, son jumeau de théâtre. Mais le roi de Bavière, en tenue de grand maître de l'ordre des Chevaliers de Saint-Georges, transpire une atmosphère tragique. Le lourd manteau de velours bleu sombre, bordé d'hermine, ne fait pas oublier le visage blafard du souverain et son regard égaré vers un ailleurs ténébreux. Un poing sur la hanche et l'autre, refermé sur le glaive de Parsifal, il semble défier les chimères qui l'appellent vers les eaux noires du lac de Starnberg qui l'engloutiront.

Dans l'aile nord, huit pièces sont consacrées aux appartements privés du roi. La chambre est aussi luxueuse que celle dite d'apparat. Mêmes dorures fantastiques, mêmes boiseries ouvragées, mêmes broderies surchargées sur lesquelles ont travaillé quatre-vingts ouvrières pendant sept ans. Une féerie bleue et or envahit la pièce qui ne fait pas moins de quatre-vingts mètres carrés. Les boiseries des murs encadrées de dorures sont blanches. Au chevet du lit, brille un soleil qui étincelle ou bien est-ce un ostensoir ? De chaque côté du lit une porte de velours vert ouvre sur les « commodités » d'une part, et sur un escalier, d'autre part, qui descend sur la garde-robe aux miroirs, puis sur une salle de bains de marbre. Là se trouve une piscine de sept mètres de diamètre et d'un mètre soixante-dix de profondeur. Des bouches de chaleur en grand nombre y diffusent une température agréable.

Un nombre impressionnant d'artisans et de techniciens se sont mis au service du roi qui a obtenu d'eux ce qu'il voulait, aussi fou cela soit-il à première vue. On peut dire que le peuple de Bavière a laissé une partie de son âme dans le rêve de cet homme étrange. Comment les Bavarois d'aujourd'hui ne garderaient-ils pas la fierté des ancêtres de leur famille qui ont sué sang et eau pour satisfaire aux vertiges de leur roi bien-aimé ? Car le peuple l'aimait. Et certains serviteurs sont restés fidèlement à son service plusieurs dizaines d'années. Ceux-là connaissaient ses faiblesses, ses peurs, ses cauchemars. N'avaient-ils pas vu que leur terrible souverain avait peur la nuit et demandait une boule de cristal bleue illuminée pour supporter l'obscurité ?

Dans cette chambre pleine de somptuosité, la marque d'une terreur puérile demeure, comme le signe d'une âme restée malgré tout innocente face aux cauchemars de l'enfance.

Lambris blancs rehaussés d'or également dans le cabinet de travail dédié à Louis XV. Meubles marquetés et cartels époustouflants, reproduits exactement de ceux du Bien-aimé. Plus la copie du fameux bureau cylindrique de Oeben et Riesener avec pendule à double cadran. Un pour le roi, un pour son visiteur. Quant au Salon bleu ou Salon de chasse, on y est saisi d'une sorte d'enchantement avec un merveilleux parquet en palissandre marqueté, une incroyable cheminée bleue et or en porcelaine de Meissen, surmontée de candélabres de cristal et porcelaine mêlés, et d'une statue de marbre blanc de Jupiter. Les bois dorés en ronde-bosse sont sculptés de feuillages, d'oiseaux, de scènes de chasse. Toute une effervescence pleine de fantaisie se reflète dans les miroirs précieusement encastrés de dorures.

On y aurait voulu des bals, des rires, de la jeunesse et des amours, au lieu de cela les lieux restèrent dans un silence accablant. Cependant le roi dut se divertir bien des fois dans ces salons de rêve, qui, sans doute, n'ont jamais reçu les puissants mais, en tout cas, s'emplissaient d'une foule d'artisans pleins de fougue et d'enthousiasme pour toutes ces splendeurs. Louis II suivait de près l'avancée des travaux. On l'a vu porter lui-même à boire à des ouvriers exténués. Leur insuffler une énergie du diable. Là était sa vie jusqu'aux dernières années où des maux multiples l'ont terrassé.

En sortant du cabinet de travail, finissons par la salle à manger où trône un impressionnant lustre de cristal de 300 kg qui a coûté la modique somme de 80 000 marks. Au milieu des dorures et des stucs, des angelots, comme partout, s'envolent des plafonds et des lambris blancs, armés des flèches de Cupidon. Le buste en marbre de Carrare de Marie-Antoinette contemple la vacuité de ces splendeurs. Et puis on quittera les lieux, un peu ivre, par le cabinet de porcelaine et la petite galerie des Glaces où des allégories représentent la Musique, les Mathématiques, la Sculpture, la Peinture et l'Astronomie. Cinq lustres de cristal et huit candélabres, là aussi, font étinceler les dorures du plafond en arcades et des murs semés de miroirs.

L'entreprise démesurée est naturellement un gouffre financier. Louis II creuse le précipice qui s'ouvre devant lui et où il va s'abîmer.

17

FOLIES ET FOLIE

Avec tout cela, la liste civile de Louis II présente un déficit de sept millions de marks. Pfistermeister a timidement tenté de faire passer au roi une parole de Louis XIV qui en mourant avait dit : « Surtout ne me suivez pas dans mon goût pour les bâtiments. » Un laquais lui retourne le billet déchiré en quatre. Il faut trouver de l'argent à tout prix pour continuer les travaux. À tout prix, c'est le mot. La banque Rothschild, sollicitée, demande quatre-vingt-cinq pour cent d'intérêts ! Le baron Pfi rentre bredouille de sa mission.

Les entrepreneurs et les fournisseurs commencent à sérieusement s'impatienter. La liste civile du roi risque d'être placée sous séquestre. Louis II réplique qu'il n'y a donc qu'à contracter un emprunt de dix millions à six pour cent qui seront amortis en dix ans au plus. Auprès d'un particulier. Lequel ? Mystère. De plus à quoi cet emprunt sera-t-il utilisé ? À rembourser les dettes ou à faire de nouvelles dépenses ? Louis II pense déjà dans un accès de fureur à faire déporter son ministre des Finances en Amérique !

La Vereinsbank accepterait de prêter mais directement aux créanciers sans passer par la caisse royale. Nouvel accès de fureur du roi. Comment ? On veut l'empêcher de dépenser son argent comme il l'entend ? De qui se moque-t-on ? Il obtiendra de l'argent d'où qu'il vienne même s'il lui faut dévaliser une banque ! Son valet Hesselschwerdt reçoit des ordres dans ce sens. Sinon il enverra ses émissaires à l'empereur d'Autriche, au roi de Suède, au Sultan de Turquie ou au Shah de Perse. Et même en demandant trois ou quatre fois les vingt millions dont il a besoin pour l'instant, il pourra peut-être obtenir les quatre-vingts nécessaires pour l'achèvement des travaux ! Autre solution, on peut aussi s'emparer de la fortune personnelle de son frère Othon qui a perdu la raison et dont il est tuteur. « Interdit par la loi bavaroise », lui objecte le baron Pfi. Il souligne « interdit » en rouge et le traite de « mot ignoble » à ne pas employer quand on s'adresse à Sa Majesté.

Neuschwanstein, Herrenchiemsee, Bayreuth même, qu'il soutient toujours et qui est aussi un gouffre, engloutissent les finances à une allure vertigineuse. Cent mille marks d'acompte aux ateliers de Lyon, un million et demi pour le salon de porcelaine, à peine un million pour restaurer le château de Falkenstein, qui est encore un projet à venir. Il a déjà demandé à Jank d'en dessiner la maquette. Un nid d'aigle, plus audacieux que jamais, entre cathédrale et burg des chevaliers ; Notre-Dame de Paris revue et corrigée par Walt Disney, mais dressée comme par magie, au sommet d'un piton rocheux vertigineux. Puis il rêve encore d'un palais byzantin, indou ou chinois, ou les trois à la fois. Jank écoute longuement, dessine, avec un fabuleux talent, les rêveries grandioses de cet homme enivré de visions, assoiffé d'irréel.

Les caisses sont désespérément vides. Alors, plein de majesté et d'inconscience, Louis II prend sa plume d'oie montée sur or et ivoire, et s'adresse au ministre des Finances : « C'est ma volonté royale que les constructions que j'ai entreprises soient continuées et achevées comme il a été établi dans les dispositions que j'ai prises. Mais mon désir à ce propos est sérieusement entravé par la situation défavorable de la caisse de mon Cabinet. Je vous charge, Monsieur le Ministre, de faire les démarches nécessaires à la régularisation des finances et de favoriser de cette façon mes entreprises. » Et il croit que cela va suffire à redresser la situation ! Alors le président du gouvernement Lutz montre les dents. Il parle de tribunaux, de séquestre, de faillite de l'État. Louis II réplique en demandant que les biens du roi soient déclarés insaisissables. Et alors ? Louis voit bien qu'il n'a rien pu obtenir ni des banques, ni de l'État, ni des particuliers. Hesselschwerdt lui-même n'est plus d'accord pour recruter les brigands qui auraient dévalisé les banques.

Louis II, contraint au pire, change de ton. Il adresse une lettre de supplication à celui en qui il garde confiance :

> « Mon cher ministre de l'Intérieur, baron Feilitzsch,
> La situation tragique de la caisse telle que vous la connaissez a été provoquée par la négligence de mes secrétaires… À ce tort que l'on m'a fait s'ajoutent les commentaires effrénés auxquels la presse et les conversations particulières se sont livrées de la façon la plus ignoble. Mais le pire serait – je vous demande du fond du cœur de chercher à l'éviter – que l'on ne pût empêcher la mainmise sur mes biens. Si on ne pouvait l'éviter j'en aurais une telle honte que, ou bien je me tuerais, ou bien je quitterais tout de suite et pour

toujours le lamentable pays où une telle chose aurait pu se produire… Depuis qu'on a constaté la déplorable situation de ma caisse et qu'on a interrompu les constructions qui me tenaient tant à cœur, j'ai perdu toute raison de vivre. Tout le reste n'est rien en comparaison. J'en appelle à votre dévouement pour moi, pour que vous fassiez votre possible pour me sortir de cette situation tragique… Vous me rendriez véritablement la vie.

Votre roi, Louis II de Bavière »

Mais Feilitzsch ne peut rien. Même s'il le voulait, il ne peut rien.

Louis II a-t-il perdu la raison ? Pas encore, pourrait-on dire. Mais pour les courtes vues, peut-être. Alors que la catastrophe financière est irrémédiable, le roi a la surprise de recevoir de sa mère, qu'il n'appelle jamais autrement que « la veuve de mon prédécesseur », une offre qui le touche profondément. Sa mère lui propose avec candeur tous ses bijoux de reine pour sauver l'honneur des Wittelsbach. Avec une soudaine douceur, Louis répond : « Il m'importe de te remercier bien vivement pour ton offre si gentille. Tu es trop bonne. Mais il vaut mieux que tu gardes tout cela. Le chef du cabinet doit parvenir à remettre peu à peu les affaires sur leur voie normale. »

Il prétend en être encore persuadé. Ce n'est qu'un sauve-qui-peut, malheureusement.

Son frère Othon, en revanche, est tombé peu à peu dans un état lamentable. Louis est de trois ans son aîné. La vue de son cadet lui cause une angoisse extrême. Ils ne se sont jamais quittés, n'étant mariés ni l'un ni l'autre. Déjà en 1871, Louis écrivait à son ancienne gouvernante : « C'est vraiment un spectacle terrible de voir Othon souffrir ainsi. Son état s'aggrave de jour en jour. À certains égards, il est encore plus nerveux et surexcité que la tante Alexandra, ce qui n'est pas peu dire ! Il reste parfois 48 heures sans aller se coucher. Songez que pendant huit semaines il n'a pas enlevé ses chaussures. On dirait un fou : il fait des grimaces épouvantables, il aboie comme un chien, il lui arrive même de dire les pires grossièretés. Puis, de nouveau, il redevient normal. »

Trois ans plus tard, le comte Dürckheim, dans un rapport au roi sur son frère, écrit : « Il a cessé depuis deux jours son jeûne intégral. Il semble moins replié sur lui-même, moins absorbé dans ses rêves horribles, et, bien qu'il ne voie que le baron Branca, il a pris part plus souvent à la conversation pendant le dîner. Il est toujours dans une atmosphère d'intense dévotion, mais on ne sait si c'est le calme avant la tempête. »

Effectivement, un an plus tard, l'ambassadeur d'Angleterre à Munich rend compte dans son rapport d'un incident survenu à la Fauenkirche : « On ne parle actuellement en ville que d'un esclandre qui s'est produit à l'occasion de la fête du Corpus Christi, il y a trois jours. Le roi qui avait refusé d'y assister, n'avait pas accordé à son frère l'autorisation d'y prendre part. Il semble que le prince Othon en avait été troublé car il est sujet à de violentes colères. Au moment où la procession entrait dans la cathédrale, il força le barrage des soldats qui contenaient la foule, se précipita dans l'église, vêtu d'une veste de chasse et d'un chapeau à larges bords. Puis il se jeta sur les marches de l'autel, aux pieds de l'archevêque en entonnant à tue-tête une confession générale de ses péchés. »

Othon est convaincu d'être damné pour l'éternité pour avoir eu des rapports sexuels avec l'Enfant Jésus et avoir communié en état d'indignité. Il entend des voix venues de l'au-delà. Reste couché des semaines entières en refusant de s'alimenter, car il craint de devoir faire ses besoins sous le regard des souverains d'Europe qui l'observent jour et nuit. Longtemps Louis l'a surveillé de près, puis il a de plus en plus espacé ses visites, persuadé de voir en son frère une préfiguration de ce qui l'attendait.

Il a manifestement exercé sur lui une terrible domination dès son plus jeune âge. Il avait prétendu avoir droit de vie et de mort sur son cadet. Il l'avait d'abord séquestré à Nymphenburg pour ne pas le perdre de vue. Or un matin, réveillé par une sonnerie militaire, Othon s'est élancé à la fenêtre, et reconnaissant son ancien régiment, s'est mis à hurler : « Chevau-légers, laisserez-vous votre colonel emprisonné ? » C'était un appel au secours. Ses gardiens survinrent et le reconduisirent dans les appartements du château où il était consigné par son frère. Peu après il fut conduit sous bonne garde à Schleissheim. Et enfin celui qui serait un jour, le roi de Bavière en titre, jusqu'en 1913, fut interné à Furstenried, dans le pavillon de la Couronne, au milieu d'un vaste parc, jusqu'à sa mort en 1916.

Il ne prononçait plus que des paroles incohérentes, entrecoupées d'accès de colère. On le voyait pleurer, gémir, sans raison disait-on. Comme on le promenait attaché, selon les ordres du roi, on le vit brouter l'herbe ou fouiller la terre de son nez. Il n'avait plus aucun sens d'hygiène et mangeait comme un animal, avec gloutonnerie. Il passait la plus grande partie de ses journées accroupi dans un coin de sa chambre. Dès que ses gardes entraient il leur sautait dessus en aboyant. On dut capitonner sa chambre pour éviter qu'il se blesse. À l'annonce de la mort de son frère, il resta impassible. Il fut sans réaction face aux simulacres de respect qu'on lui présentait en tant qu'héritier de la couronne.

Ayant perdu toute allure humaine et toute lucidité, tout lui était indifférent. Il avait les traits ravagés, le front creusé de rides précoces, les yeux hagards, les cheveux et la barbe en bataille. Des photos de lui ont circulé partout pour que le peuple sache à quel point il était incapable de régner. Cela arrangeait le régent Luitpold et son gouvernement. Sans doute – et c'est le plus sombre aspect de Louis II –, c'est bien ainsi que son frère le voulait. Sa jalousie et son orgueil féroces avaient détruit Othon, la psychiatrie sauvage de l'époque avait fait le reste. Électrochocs, douches glacées, camisoles de force, enfermement musclé, etc.

Louis II avait de quoi craindre pour lui-même. Il était également obsédé par la morale chrétienne. En 1873, il avait chargé le grand aumônier de la Cour, le chanoine Döllinger, de lui rédiger un mémoire sur la Résurrection du Christ. Celui-ci s'était vigoureusement opposé au dogme proclamé de l'infaillibilité papale. Pour cela, il était frappé d'une mesure d'excommunication. Louis II n'en avait cure, Döllinger était « son Bossuet ». Il lui avait écrit : « Je suis fier de compter un homme tel que vous parmi les Bavarois. Je vous félicite de votre attitude dans l'affaire de l'infaillibilité… Car afficher des opinions que l'on n'a pas, devient une basse hypocrisie. Je l'ai toujours dit : vous êtes mon Bossuet. » Puis il ajoute : « L'attitude de l'archevêque est lamentable. Il est vrai que sa chair est forte et son esprit, faible (!) comme il l'a écrit un jour par erreur dans une de ses lettres pastorales. » Il confirma Döllinger dans sa chaire à l'université comme théologien et au chapitre de la cathédrale. Ce que le vieux chanoine ne se permit pas d'accepter pour éviter que le roi n'entre en conflit direct avec Rome.

Un schisme qui n'eut que peu de suite se fit entre la vieille garde catholique et les nouveaux démocrates. C'est ainsi que Louis jura qu'on ne le verrait plus aux grandes cérémonies religieuses et se détourna de l'affaire qui prenait un tour manifestement trop politique à son goût. « Le clergé est une puissance trop solide », disait-il, pour qu'il veuille s'y affronter ouvertement. Il retourna dans ses montagnes.

18

DERNIÈRE RENCONTRE AVEC L'« UNIQUE »

En novembre 1880 Wagner est à Munich. Ses opéras qui se jouent maintenant à Bayreuth et ailleurs, remportent un grand succès mais il a toujours besoin, pour les monter, de l'aide financière de Louis II. Louis, qui jusqu'au bout le soutient, ordonne que l'année suivante, l'orchestre et les chœurs de son théâtre de Munich soient prêtés, durant deux mois, au Fielthaus de Bayreuth. À ses frais bien sûr. Wagner a obtenu cela de lui en lui promettant une représentation privée de *Lohengrin*. Louis n'a pas résisté.

Le 10 novembre, tout est prêt pour la représentation. C'est un pur instant de bonheur pour les deux hommes seuls dans la loge royale. La salle est vide. Louis revient au temps de son premier éblouissement, lorsqu'à vingt ans il avait reçu le choc du chevalier au cygne, sorti des légendes de son enfance. Wagner, en simple spectateur, goûte la douceur d'entendre sa musique, détaché de ses angoisses et de sa lassitude. Le soir il dîne avec le roi dans le jardin d'hiver de la Residenz. Louis en demande toujours plus.

Puisque *Parsifal* n'est pas encore terminé, il supplie le musicien de diriger pour lui, dans les mêmes conditions, le prélude qui, lui, est achevé.

Deux jours plus tard, le 12 novembre, à trois heures de l'après-midi, Wagner, baguette en main, est sur le point d'entamer le prologue de son dernier opéra. Louis est en retard. Wagner, blessé, s'impatiente. Enfin au bout d'un quart d'heure d'attente, le roi entre dans sa loge. Wagner, mal à l'aise, conduit sa musique. Mais le prélude à peine achevé, Louis transporté, demande à le réentendre. C'est peut-être une des dernières fois qu'il goûte cette musique dans les conditions privilégiées dont il a besoin. Wagner, sans plus réfléchir, s'exécute. Cela lui semble un blasphème de doubler l'impression de sacré qui s'exhale de cette partition, par une seconde interprétation. Il lui a fallu toute une vie pour arriver à l'écrire.

À nouveau les longs accords enchantent le roi comme ils enchanteront Nietzsche sept ans plus tard. Mais comble de l'inconscience, Louis maintenant, comme un enfant gâté, demande à Wagner de lui interpréter le prélude de *Lohengrin* !

C'en est trop. Wagner, ulcéré, passe la baguette au chef d'orchestre Hermann Levi et disparaît dans les coulisses, hors de lui. Cette fois ils ne se reverront plus. Louis a-t-il seulement noté l'exaspération du vieil homme ? Peut-être pas. Il est sur un nuage et écrit le soir même dans ses cahiers secrets :

> « Assisté avec Richard Wagner à la représentation de *Lohengrin*. Très réussi, très beau. Lui présent avec moi. Puis dans les appartements de la Residenz. Souper au jardin d'hiver. Longtemps ensemble.

Le 11 à 5 heures il est revenu dîner dans le jardin d'hiver. Heures d'intimité. Heures précieuses. Évoquons chers souvenirs de la reine Marie-Antoinette, de la France royale des lys ! Le 12 dans l'après-midi, entendu deux fois l'admirable et magnifique prologue de *Parsifal* ! Plein d'une profonde signification. Puis à nouveau le prologue de *Lohengrin*. Très réussi… Salut et prospérité sur sa tête bien-aimée. Moi, clair de lune. »

Puis il repart dans ses montagnes et le 17 novembre lui écrit à deux heures et demie du matin, sans rancune : « J'étais dans la cellule du solitaire Gurnemanz que je me suis fait construire à l'orée de la forêt, au bord de la source sacrée, et sur la prairie… C'est là que se trouve l'endroit consacré. C'est là qu'on aperçoit le lac sacré où Amfortas cherche la guérison. C'est là que j'entends en esprit les sublimes trompettes du Graal… J'ai eu tant de joie en vous voyant si vif, si alerte. »

Et, dans son ultime lettre : « Tandis qu'à Linderhof où j'étais récemment, il me semblait être au milieu de l'hiver, il fait encore doux et beau dans le cher Hohenschwangau. Une grande joie habite mon cœur tandis que je me souviens des jours que j'y vécus avec vous, en ce mois de novembre 1865. Quel beau temps ce fut !.. J'aime d'un amour profond, invariable et constant, la sublime lumière, qui longtemps, très longtemps encore, devra tel le soleil, inonder le monde de ses rayons surnaturels. » Et il signe sobrement « le plus fidèle de vos amis, le plus fervent de vos admirateurs ».

Sept ans plus tard, Nietzsche, hanté par la folie, tandis qu'il écrit son *Zarathoustra*, assiste à une représentation de *Parsifal* à Monte-Carlo. Il écrit : « On peut se demander si

Wagner a jamais fait quelque chose de meilleur… Un peintre a-t-il jamais peint un regard d'amour aussi mélancolique que Wagner avec les derniers accents de son prélude ? » Mais il avait aussi écrit auparavant : « Pour moi, tout cela est d'un christianisme trop borné dans le temps. Une psychologie toute fantaisiste ; pas de chair et beaucoup trop de sang. » Il parlait aussi de « poésie la plus haute » et de « suprême mise en demeure adressée à la musique ».

Il analyse la démarche avec acuité et garde une distance, mais tout au fond de lui persiste l'étrange envoûtement wagnérien. Jusqu'à ce que la *Carmen* de Bizet recueille tous ses suffrages…

En janvier 1882, Wagner termine *Parsifal*. L'été suivant, on en donne seize représentations triomphales à Bayreuth. Louis ne viendra pas. Les salles sont combles. La recette suffisante. Le roi a laissé s'enfuir la nacelle de son rêve. Wagner n'a plus besoin de lui. Pourtant le musicien est blessé de cette absence remarquée. N'avait-il pas fait de lui son Parsifal ? Le 25 août, il envoie à Louis cette missive où il lui propose de faire jouer *Parsifal* pour lui seul, non pas à Munich, mais à Bayreuth : « Que celui que je nomme le seigneur de ma vie, couronne son œuvre comme il m'a élevé en sa grâce. Qu'il me laisse, dans un sentiment d'infinie reconnaissance, lui offrir et déposer à ses pieds, comme je l'entends, l'œuvre qui est mon adieu à la vie. J'ai beaucoup souffert pour y parvenir. »

Mais Louis ne répondra plus. Peut-être ce « comme je l'entends » lui a-t-il déplu. Mais il semble que la raison de son absence soit plutôt sa phobie de la foule qui le poursuit où qu'il aille. Le 13 février 1883, sous les lambris surchargés d'or du palais Vendramin, à Venise, Wagner s'éteint « pénétré du noble sentiment des grâces dont [il] aura joui et dans lequel [il] meurt » avait-il écrit dans sa dernière lettre. Louis n'assistera pas à son enterrement mais enverra une lettre de condoléances officielles à l'épouse Cosima et aux enfants Wagner.

En signe de deuil, il fait recouvrir tous les pianos sur lesquels le musicien a joué, d'un crêpe noir. Et mesure, l'œil noir, l'abîme qui s'ouvre devant lui.

On peut en épitaphe retenir ces deux mots contradictoires de Nietzsche. D'une part, il avait écrit :

« J'en suis encore aujourd'hui à chercher dans tous les arts une œuvre d'une aussi dangereuse séduction, d'une aussi douce, aussi terrible dimension infinie que le *Tristan*. Tous les mystères de Léonard de Vinci se dépouillent de leur magie à la première note du *Tristan*. »

Mais il avait aussi écrit, dans son ouvrage intitulé *Contre Wagner*, sur le ton ricanant qu'il savait prendre :

« Les crétins de la culture, les petits blasés, les éternels féminins, les panses bien pleines, bref le peuple, a besoin de profond, de sublime, d'écrasant… Soyons idéalistes ! Pour élever les hommes il faut soi-même être sublime. Promenons-nous au-dessus des nuées ! Haranguons l'infini ! Dressons autour de nous un décor de symboles. Zim, Zim, boumboum ! On ne peut rien conseiller de mieux. »

Et pourtant Zarathoustra monterait un jour, lui aussi, « au-dessus des nuées ».

19

LES PASSIONS AMOUREUSES DU ROI

Entre la religion qui le harcèle sous les traits de sa mère, et sa soif inextinguible de jouissance, Louis II est écartelé.

Il se cache et cache ses amours avec une culpabilité dont son journal porte l'écho déchirant. Sa passion des jeunes garçons ne le quittera pas. Dans la hutte de Hunding, le cabinet mauresque, dans ses nombreux chalets ou châteaux, il se livre à des orgies de nourriture et de sexe qui peu à peu sont connues. Tannhäuser, Parsifal ont perdu la partie. La chair a triomphé par orgueil et vanité. Qu'il ose, celui qui entraverait son caprice ! Mais il le paye cher, très cher, peut-être du prix de sa raison chancelante. Car cet ogre aux dimensions impressionnantes a gardé une âme d'enfant. Ce qui n'est pas une qualité mais un manque de maturité tragique. Les longues beuveries suivies de débauches ont affaibli ses forces, augmenté sa paranoïa, irrité sa patience de vivre. Une peur maladive s'installe peu à peu. Il suspecte tout le monde d'en vouloir à sa vie. Un casque qui tombe à terre pendant une messe de Noël, lui fait l'effet d'un attentat manqué. Si on ne le croit pas, il entre en fureur. Pourtant certaines de ses amours sont fidèles, d'autres exacerbées.

Chez les fidèles se place au premier rang, Richard Horning. C'est en le rencontrant qu'il a définitivement rompu son projet de mariage avec Sophie de Wittelsbach, sa cousine. Un « cauchemar » auquel il a réchappé. Avec Richard c'est un coup de foudre, semble-t-il, réciproque. Il le fait grand écuyer des écuries royales qui ne comptent pas moins de cinq cents chevaux. Richard connaît les chevaux depuis son enfance car son grand-père était déjà grand maître des écuries de Maximilien. Il passe sa vie à cheval et achète les plus beaux spécimens pour le roi. Il est en charge de tous les déplacements improvisés. Il l'accompagne dans ses virées nocturnes, qu'il neige ou qu'il vente. Si la nuit n'est pas trop froide et que Louis n'a pas envie de rentrer à Berg ou à Munich, ils dorment au flanc de la montagne, enveloppés dans des fourrures. Que Richard ne s'éloigne pas, aussitôt Louis se dresse affolé, se croyant abandonné. Pendant près de vingt ans, Richard sera auprès de Louis avec une constance indéfectible. Est-ce parce qu'il a trop bien compris le roi ou au contraire pas du tout ? Les ministres, eux, savent qu'on atteint mieux le souverain par l'entremise de Richard que directement. Il est son garde du cœur, son garde du corps, son amant, son fidèle, et surtout, très vite, son pourvoyeur de plaisir. Il convie les jeunes gens que Louis a remarqués. Il y a ceux qui dansent pour lui et se plient à ses plaisirs. Il y a ceux que Louis, enflammé, bombarde aide de camp ou chevau-léger ; jusqu'au prochain coup de cœur qui les voit disparaître aussi vite qu'ils sont arrivés. Les caprices du roi le laissent froid, rien n'entravera l'avancement de sa fortune. Il est là pour servir, pour aimer, celui dont il attend tout.

À Neuschwanstein, une nuit de tempête, Louis met Richard au défi de passer à cheval la passerelle qui enjambe le torrent de la Pöllat. Le sol est verglacé, le vent souffle en rafales. Le précipice est proche, les eaux déchaînées. Richard s'exécute au risque de sa vie. Le roi est satisfait. Son serviteur lui est dévoué corps et âme, il en a la preuve.

Il est peut-être le seul en qui il a placé sa confiance. À la commission qui enquêtera sur la folie du roi, l'ami ne le trahira pas et restera mesuré et fidèle dans sa déposition. Il réussira très bien auprès du souverain, puisqu'une fois Richard marié, Louis s'attachera à ses enfants et le visitera, dans cette belle propriété sur le lac de Starnberg qu'il lui a offerte et où un appartement lui est réservé. On pouvait donc aimer le roi toute sa vie et être un homme équilibré ? Horning s'en est bien sorti en tout cas.

En revanche, la passion provoquée par le comte de Varicourt est beaucoup plus fantasque. Louis l'invite à la Residenz dans son jardin d'hiver. Là le jeune homme va de surprise en surprise. Entre piano à queue, buste de Wagner ou de Marie-Antoinette, un lourd style baroque a tout envahi. Tentures, ciels de lit, coussins, tout resplendit de soie bleue, de dorures, de broderies luxueuses. Soudain Louis écarte une tapisserie et une porte s'ouvre sur le jardin des merveilles. Ce n'est que fleurs exotiques, volières de perroquets et perruches, palmiers, orchidées, citronniers, camélias. Fontaines, cascades, pierres multicolores scintillent sous des jeux de lumières bleues comme le roi les adore. Plumes d'autruche et plumes de geai empanachent les sièges. Des musiciens dissimulés sous les arbres, jouent des airs de violon ou de cornemuse. D'immenses vases en porcelaine laissent s'exhaler des parfums voluptueux de jacinthes. D'amples divans moelleux attendent sous les plantes vertes que l'hôte des lieux s'y repose, les bras alanguis sur des accoudoirs en bois doré. Le sol est jonché de peaux de tigre et de loup, des rosiers grimpants envahissent les murs. Ici un petit temple hindou, là un kiosque mauresque, plus loin une tente de soie rose ouverte laisse entrevoir deux éléphants supportant un trône recouvert de fourrure, dont les pieds sont incrustés de faïences multicolores. Le bruit des cascades dans les bassins de marbre entretient une petite musique ininterrompue, lorsque l'orchestre se tait. Sous les feuillages exotiques, l'atmosphère est lourde et humide. Mais là-bas, une table est dressée couverte d'argenterie et d'un service aux armes de Bavière. Les aiguières en or et cristal de Bohême étincellent sur la nappe immaculée ; elles ont un col de cygne. Louis prend place dans un fauteuil en bois sculpté dont le dossier est un magnifique paon faisant la roue. Des pierres de jade, de lapis-lazuli, de saphir et de grenat, lui restituent toute sa splendeur. Une partie de la Residenz royale de Munich n'a pas échappé au « style » Louis II.

Le garçon, un peu assommé par cette profusion, s'assied lentement en face du roi. Louis II ne voit en lui, à part sa séduction de jeune chevau-léger, qu'un descendant de cette cour de France qui lui est montée à la tête. Tout Saint-Simon lui revient à la mémoire, il imagine les ancêtres de son invité vivant dans l'intimité du roi. Il oublie le prestige de sa propre ascendance pour s'extasier devant celle du jeune comte. Le soir il l'invite dans sa loge au théâtre et le couvre de déclarations enflammées dont il a le secret.

Le lendemain il le nomme aide de camp. Puis revenu à de plus sages sentiments, il lui écrit, afin de lui épargner de fanfaronner : « Vous savez mieux que personne que vous devez votre nomination comme aide de camp, à l'intérêt que je porte à l'histoire de l'Ancien Régime en France. »

Ses fantasmes sur la cour de France sont plus vivaces que jamais. Il ne craint pas d'ajouter : « Je joins à ma lettre une paire de boutons de manchette ornés de fleurs de lys en brillants que j'avais d'abord fait faire pour moi. Je vous les donne car vous êtes mille fois plus digne de les porter, étant le descendant de gentilshommes qui ont souffert héroïquement pour ce noble emblème des rois de France… Le jardin d'hiver n'a vraiment reçu sa consécration que depuis qu'un Varicourt l'a honoré de sa présence. L'auréole qui entoure votre nom est indestructible à mes yeux. »

Puis Varicourt est convié à Linderhof. Il a droit au grand manège des plaisirs. La grotte bleue et sa promenade dans la nacelle dorée, la hutte de Hunding et les danses des beaux montagnards, puis le retour à Berg au petit matin et une croisière sur le *Tristan* pour rejoindre l'île aux Roses. Il n'en peut plus. Les avances voluptueuses du roi l'ont égaré. Il l'assure de son amitié « toute spirituelle ». Louis, éconduit, lui envoie une lettre d'adieu propre et sèche. Exit Varicourt. Comme bien d'autres d'ailleurs.

Mais la dernière grande passion dévastatrice de Louis II, c'est pour l'acteur Joseph Kainz qu'il l'a eue. Tandis qu'il contribue encore à sauver le festival de Bayreuth du naufrage financier par de nouveaux emprunts miraculeux, Louis s'enivre de lectures théâtrales. Il connaît par cœur Goethe, Schiller, Shakespeare et Racine. Se les récite en tout lieu. Il lit aussi Nietzsche, Schopenhauer et les poètes indiens. Mais il reste incollable sur Saint-Simon et la cour de Versailles. Il demande qu'on écrive une pièce sur *Esther à Saint-Cyr*, une autre qui se passe en Inde, pour laquelle il exige une réplique de l'Himalaya sur scène, ainsi que des animaux « vraiment affamés ». Les animaux vont en forêt pour se nourrir, prétend-il.

Dans une lettre passionnée il supplie Wagner de lui écrire *Les Vainqueurs* d'après une légende indienne, car, lui écrit-il, « l'Inde et le bouddhisme exercent sur moi une inexprimable attirance, éveillent en moi de douces voluptés ». Wagner mourra sans l'avoir composé.

Il découvre aussi Heinrich von Kleist, *Le Prince de Hombourg, Penthésilée,* mais se montre bouleversé par le suicide de l'auteur dans le lac Wahnsee.

Au moment où Louis se passionne pour Victor Hugo, le problème se pose de trouver l'acteur capable d'incarner le rôle de Didier dans *Marion Delorme*. Le roi se tient au courant au jour le jour des représentations qui se donnent au théâtre de Munich. Il demande les photos des interprètes pour les faire venir sur la scène privée de la Residenz. Tout Munich bruit du talent d'un jeune acteur qui est arrivé de Vienne en août 1880. C'est un jeune Juif hongrois âgé de vingt-trois ans, du nom de Joseph Kainz. Il s'est fait une réputation à Berlin et en Autriche. Sa beauté intense, fiévreuse, lui attire déjà tous les suffrages. Dès qu'il ouvre la bouche sur scène, un charme prenant se dégage de sa voix aux intonations douloureuses. Ses yeux sombres fascinent la foule. Le public est conquis. Il écrit à sa mère : « Pour la première fois de ma vie je me sens un artiste parmi d'autres artistes. » À Vienne, les intrigues du Burgtheater l'ont lassé par leurs mesquineries. Il signe un contrat d'un an à Munich où il se sent heureux. On lui propose des rôles de jeune premier. Louis grille d'impatience de le rencontrer. Qu'il vienne jouer le rôle de Didier pour le roi au théâtre de la Residenz.

Après le temps des répétitions, le 30 avril 1881, Kainz joue la pièce devant une salle vide où Louis, retiré dans sa loge cramoisie, suit la représentation armé de jumelles.

Son cœur bondit. Il est transporté. Il demande deux nouvelles représentations les jours suivants. Si Kainz est Didier, Louis est le marquis de Savigny, les deux héros qui montent ensemble sur l'échafaud. Le rôle de la courtisane lui importe peu. Amoureux, il adresse une lettre enflammée au jeune homme, accompagnée d'un anneau de saphir et diamants. Puis, une montre piquée de pierres précieuses, une chaîne en or, des monceaux de fleurs venues des serres royales. Il lui offre même ses jumelles de théâtre en ivoire. Puis il s'enfuit à Linderhof dans le but d'y convier le nouvel objet de sa passion et de l'arracher à la jalousie de ses collègues qui s'inquiètent des faveurs dont il est l'objet. Le petit nouveau leur fait de l'ombre. Qu'à cela ne tienne, Louis le veut pour lui tout seul. Il lui a écrit : « Je veux que les douleurs et les déplaisirs vous soient épargnés. » Comme il l'écrivait déjà à Wagner en 1865.

Kainz est prié de venir passer quelques jours à Linderhof. Le 30 mai, il arrive au château tard dans la nuit. Louis l'attend depuis le matin. Le jeune homme se présente devant lui fatigué, négligemment vêtu d'une tenue de ville défraîchie. Le rêve s'écroule. Ce n'est plus Didier paré de tous les charmes du rôle, c'est un passant ordinaire qui se montre à lui. Comme il ne voulait pas Sophie, mais Elsa, il ne veut pas Joseph, mais Didier. Le cauchemar recommence. Il ordonne qu'on le ramène en ville. Richard Horning fait remarquer à Louis que l'on ne peut mettre en péril la réputation du jeune homme en le renvoyant comme un domestique. « Qu'il se montre alors en Didier devant moi demain dans la grotte de Vénus. Je ne veux plus le voir dans cet accoutrement ridicule, les cheveux gominés. Il sera Didier et je serai le marquis de Savigny. »

20

PLUS PERSONNE SAUF ÉLISABETH

Le lendemain matin, après une courte nuit, Joseph entre dans la grotte de Vénus illuminée où Louis se tient accoudé à la table de corail. Il est à nouveau romantique, rebelle, violent. Il enchaîne les rôles sur commande. Louis est ébloui, fasciné, conquis. Il explique : « Pour moi, l'acteur et l'homme sont une seule et même chose. Celui qui joue un rôle noble, doit être un homme noble. » Kainz, qui n'a pas sa langue dans sa poche, lui rétorque : « Et comment ferai-je pour jouer un rôle de traître ? » « Vous ne devrez jamais, au grand jamais, jouer un tel rôle », répond Louis. Bien. Pendant les jours qui suivent, Linderhof retentit jour et nuit des textes de Goethe, Schiller, Shakespeare et bien sûr, Hugo. Kainz joue Ruy Blas, Hernani, Roméo, Guillaume Tell. Et Didier, toujours Didier. Il n'en peut plus. Le champagne coule à flots. Louis ne dort plus et ne supporte pas que son nouvel amour se repose. Enfin, Joseph est autorisé à repartir vers Munich au bout de douze jours épuisants. Il est de toute façon « inutilisable » pour les caprices du roi.

En arrivant à Munich, il s'écroule de fatigue et dort deux jours et deux nuits d'affilée. Ses camarades le retrouvent avec une petite mine. Nul n'ignore les faveurs dont il est l'objet. Il écrit à sa mère : « J'aurais pu subir n'importe quoi, vraiment endurer n'importe quoi, si seulement il m'avait laissé dormir. » Il est couvert de cadeaux. Deux pendules en lapis-lazuli, serties de diamants, des tasses en or ciselées, un long fume-cigarette en écume, sculpté d'un carrosse miniature, des boutons de manchette en forme de lys incrustés de brillants. Tout se sait, la presse est aux aguets. Le séjour est passé comme un songe pour Louis. Il ne s'en tient pas là. Il veut emmener Didier dans un pays de rêve. Il propose la Suisse. Ils mettront leurs pas dans ceux de Guillaume Tell. Ce sera un bon apprentissage pour ensuite jouer le rôle de Melchthal, le héros de Schiller. Louis écrit : « Relisant le drame de Calderón, *La vie est un songe*, que vous m'avez lu pendant ces jours sublimes passés à Linderhof avec une ardeur si persuasive, j'ai ressenti de nouveau l'inoubliable charme de votre voix divine ! »

Kainz se laisse convaincre. Lorsqu'il joue en public, Louis ne se montre pas. « Mon ami comprendra que je ne m'offre pas ce soir en victime aux ovations », écrit-il à l'occasion d'une représentation publique. Il faut fuir. Deux passeports sont établis aux noms de Didier et du marquis de Savigny. Ils partent « incognito », accompagnés de six officiers, trois valets de pied et deux cuisiniers. Résultat, en quarante-huit heures tout le pays est au courant de l'escapade du roi. Le 27 juin, un train spécial part pour Lucerne. Louis II, qui redoute terriblement les tunnels, a exigé que le directeur des chemins de fer en personne conduise la locomotive. Mais le pauvre homme n'en a pas la compétence et avance d'une allure de sénateur. Le trajet n'en finit plus. Louis à bout de nerfs décide de poursuivre en voiture pour rejoindre le petit vapeur l'*Italia* qui les attend pour traverser le lac des Quatre-Cantons. À chaque étape une foule compacte les accueille avec des petits drapeaux. Ils commémorent le temps où Guillaume Tell et ses conjurés les délivrèrent de la domination des Habsbourg. Louis II est devenu très populaire par son attitude pendant la guerre de 70.

Les nombreux incidents de l'équipée royale ont été rapportés par Gottfried von Böhm. Le bateau tourne en rond pendant des heures avant de pouvoir accoster. Puis la voiture empruntée brise un de ses essieux. La troupe est sauvée par un riche éditeur suisse qui leur offre la villa Gutemberg où ils ont été conduits dans une mauvaise carriole. Enfin ils se posent et se remettent des émotions du voyage.

Louis ne tient pas en place. Il veut retrouver tous les lieux dont parle la pièce de Schiller. Or Schiller n'a jamais mis les pieds en Suisse. Pour retrouver ce sentier, cette chapelle, ce roc, c'est un casse-tête interminable qui épuise tout le monde. Kainz n'est pas au bout de ses peines. Il n'est plus question de dormir, ni de se reposer. Il faut crapahuter en tous sens pour réciter les bons passages de la pièce aux bons endroits. Surtout que le roi s'est pris de passion pour le cor des Alpes. De tous les cantons avoisinants débarquent des joueurs de cor qu'il fait placer de colline en colline. Ils se répondent toutes les nuits à travers l'écho des montagnes. Plus personne ne peut fermer l'œil. Kainz est à tout bout de champ requis pour déclamer des vers. Sur le lac au clair de lune, en haut des montagnes, dans les verts pâturages. Le vin de Moselle coule à flots. Louis II distribue des présents et des florins d'or les mains grandes ouvertes. Les montagnards sont ravis.

Enfin, pour couronner cette odyssée de façon inoubliable, Louis décide de faire l'ascension du Rutli. Pour lui, ce sera en voiture, mais pour Kainz, à pied. Arrivé au sommet, le roi s'impatiente de ne pas voir le jeune homme plus vite auprès de lui. Le soir enfin, celui-ci le rejoint, exténué, avec son guide. Louis, radieux, lui demande : « Quelle est ton impression ? – Une horreur », répond Kainz.

Sans lui laisser le temps de se reprendre, le roi exige les fameux vers de Schiller que le comédien a déjà répétés jusqu'à la nausée depuis le début du séjour. Il ânonne quelques vers, s'écroule dans l'herbe mort de fatigue et s'endort. Il ronfle. Louis II pleure. Le rêve se brise. Il fallait aller jusque-là pour que cette folie s'interrompe.

Effondré, Louis regagne la villa Gutemberg et repart sans délai vers la Bavière. Kainz, devancé, n'arrive à rejoindre le roi qu'à Lucerne après une équipée affolée. Il se confond en excuses et regrets. Peine perdue, le roi a compris. Sans rancœur, il accepte de se faire photographier avec Joseph pour la postérité. Il sait que cet acteur a un immense talent. Ce qui se vérifiera par la suite, étant donné la carrière prestigieuse qui sera la sienne en Allemagne. Il sera un des plus célèbres acteurs de son temps.

Pour célébrer ces retrouvailles, Louis emmène donc Joseph chez le photographe. Guy de Pourtalès décrit ainsi les clichés qui en résultèrent : « Le roi est debout en manteau de voyage, son chapeau à la main. Kainz, assis, mince et étriqué, paraît un peu falot. On dirait un patron et son employé "posant" dans une baraque foraine. »

Louis n'est plus le jeune dandy d'autrefois. Sa mise est négligée, ses pantalons tombent en accordéon, son pardessus informe et mal coupé pend lamentablement. Son regard a perdu de sa superbe. Il est maintenant farouche, effrayant. La déception qui a suivi la soirée fatale, se lit sur son visage.

Kainz, après cela, ne jouera plus jamais à Munich. Les deux hommes échangeront encore des lettres chaleureuses durant quelques mois et Louis s'informera toujours de la carrière de son ami, mais le charme est rompu. Louis retourne à la solitude de ses châteaux, plus blessé que jamais.

Comme une bête traquée, il fuit de Linderhof en Herrenchiemsee, de Berg en Neuschwanstein. Ses domestiques le volent, ses ministres le combattent, on veut lui dérober sa royauté. L'humanité le rejette. On en veut à sa vie. Le spectre de la social-démocratie lui apparaît comme une figure de révolution sanguinaire devant se calquer sur la Révolution française. Le valet Hesselschwerdt a remplacé auprès de lui Richard Horning qui s'est éloigné. Le baron Ziegler qui le rattachait encore à la politique, est en disgrâce. Lutz devient l'homme fort du gouvernement mais il a maintenant rejoint le camp de ses détracteurs. Dans les rares dîners officiels où il accepte de paraître, il fait placer d'énormes buissons de fleurs en centre de table, derrière lesquels il se cache. Ou bien il commande un orchestre qui joue avec un tel entrain que l'on ne s'entend plus. Chaque fois qu'il doit rentrer à Munich, c'est pour lui une épreuve redoutable. Il ne donne les ordres du départ qu'au tout dernier moment. L'été, lorsqu'il est à Neuschwanstein, le fait de devoir transférer sa cour à Munich où elle réside habituellement, le plonge dans une agitation irrépressible plusieurs semaines à l'avance. À la gare, il marche de long en large des heures durant avant de se décider à monter dans le train. Munich est pour lui une torture, une prison. Ses accès de colère vont grandissant au fur et à mesure que le train s'approche de la ville honnie.

De même les banquets à la Cour sont souvent reportés, Louis y va comme à l'échafaud, selon ses propres termes. Pour supporter l'épreuve il boit huit à dix coupes de champagne avant d'y paraître. Lorsque le conseiller von Ziegler vient lui faire son rapport, cela fait des jours et des jours que Louis ressasse ce « malheur » qui l'attend. Et les objets du rapport disparaissent derrière ce souci majeur.

Ziegler a raconté dans ses mémoires combien il a souffert de la vie errante qu'il menait de château en château à la suite du roi, des longues heures de travail nocturne, des lubies de Louis, de son absurde et obsessionnelle dépendance à l'étiquette de la cour de France. Ziegler lassait le roi avec ses rapports politiques. Le roi lassait Ziegler en lui demandant d'en finir au plus vite avec toutes « ces fadaises », tout en négligeant de lui permettre de s'asseoir.

Un jour que Ziegler lui demande une augmentation pour un des fonctionnaires de la Cour, Louis devient fou de rage et s'écrie :

– Que l'on chasse tous ces parasites et qu'on les pende ! Et puis vous avec !

Lorsque sa colère est retombée, il propose à son conseiller de boire un verre de champagne avec lui, en ajoutant « je vous ferai pendre plus tard ».

Son entourage a depuis longtemps compris quelle dose de théâtre il y a dans tout cela, même si certains commencent à avoir les nerfs à vif. Personne ne s'étonne de voir tel jour, en pleine forme, un condamné à mort de la veille. Ni un exilé du lundi, à la table du roi le mardi.

Parfaitement conscient de ses exigences, Louis disait parfois avec humour : « Pour rien au monde je ne voudrais être mon propre chef de cabinet ! » Les rapports médicaux qui l'accableront seront d'essence purement politique. Louis ne gênait en rien le destin politique de son pays. Pour cela Bismarck lui-même lui conservait une réelle amitié.

Mais Ziegler a de quoi s'arracher les cheveux. Le roi entre en fureur devant la liste des invités. Il les traîne dans la boue et les insulte déjà, comme cause annoncée de son désagrément. Il annule la nuit un dîner officiel prévu pour le lendemain et pour lequel on a déjà procédé à tous les préparatifs. Si le repas n'est pas annulé, il pose des centaines de questions sur les convives, en faisant des allées et venues précipitées dans la pièce et en lançant des imprécations de toute sorte. Le soir, Louis, furieux comme un sale gosse puni, lance des regards furibonds autour de la table, et frappe le sol avec son sabre d'un air excédé.

N'importe quel lord anglais un peu original aurait pu commettre de telles excentricités sans qu'on s'en offusque, mais Louis est roi d'un pays en pleine turbulence politique. Pays qu'il a d'ailleurs conduit avec intelligence au sein de la guerre franco-prusse. Mais il a pioché à pleines mains dans un budget royal dont il s'est octroyé l'usage exclusif. Deux passions terrestres mènent maintenant sa vie : les jeunes hommes et la nourriture ; deux autres, plus spirituelles, ne l'ont jamais quitté : Wagner et le théâtre. Sa chimère : un idéal d'absolu qui s'éloigne de plus en plus.

Lui, l'homme aux châteaux de légende, parcourt les nuits tyroliennes dans ses traîneaux fantastiques et dort à la belle étoile comme un vagabond majestueux. Son grand corps bondé de victuailles, les yeux effarés de douleur, il enveloppe sa solitude exaspérée dans d'immenses fourrures de loup. Il a besoin des étoiles ; ne répugnerait pas à se promener parmi elles. N'a-t-il pas demandé à ce qu'on lui construise un objet volant, bien avant les premiers aéroplanes ? Il a imaginé de s'élever dans les airs à bord d'un véhicule tiré par des paons. Il fallait que le mécanicien Brandt lui présente une machine capable de l'emporter au-dessus du lac de l'Alpsee, en bas d'Hohenschwangau. Rêvant d'apesanteur, il pèse plus lourd que jamais.

Une seule âme erre sans contrainte dans ces sphères désirées, celle de sa cousine Élisabeth. « Songe, lui avait-elle dit une nuit en lui montrant le ciel étoilé, que rien, une simple enveloppe d'air, nous sépare de cet espace, ce monstre éternel et sans limite, où circulent vertigineusement les astres de feu. » Depuis le scandale de son mariage avorté avec Sophie, ils ne se sont pas revus.

La mouette sillonne les mers, toujours en fuite elle aussi. Une autre Élisabeth, la reine de Roumanie, a dit d'elle, sous le pseudonyme de Carmen Sylva : « L'Impératrice mêle à ses pensées, les feux de ses diadèmes et l'ardente couleur du sang. »

Élisabeth, pétrie d'idéalisme, tient farouchement à distance le spectre de l'embonpoint. Telle une liane souple et gracieuse, elle évolue dans un monde parallèle. Chevaux, voyages et poésies, anciennes ou modernes, se partagent sa vie d'impératrice. La cour de Vienne lui étant un supplice, elle a émigré sur les mers, à Madère, à Corfou, et au pays qui l'a faite reine, la Hongrie, dont elle aurait voulu transmettre le trône à son fils Rodolphe.

Rodolphe qui a tissé une amitié intermittente mais profonde avec le roi. Ils s'accordent sur l'horreur de la guerre, et des militaires en général. Sur l'usage de l'alcool et des stupéfiants. Le chloral, la morphine, l'opium détruisent leur système nerveux. Sur le dégoût de la bourgeoisie. Sur une première idée de l'Europe fédérale, répugnant à l'empire qu'ils jugent despotique. Tout comme Élisabeth, moins les stupéfiants dont elle n'a jamais fait usage. Trois

Wittelsbach opposés aux Habsbourg et aux Hohenzollern, vivent le déclin d'un monde qui les emportera.

Élisabeth, Sissi pour les intimes du monde entier, à travers les échos qui lui parviennent, perçoit les cris de détresse du Roi Lune. Les deux cousins s'écrivent. La mouette – ou la colombe – et l'aigle, comme ils signent leurs missives, se retrouvent dans l'île aux Roses, sur le lac de Starnberg, parmi les quinze mille rosiers que Louis a fait planter. On se promène sur le *Tristan*, on tire des feux d'artifice, on lit de la poésie et l'on s'enivre de musiques wagnériennes. Élisabeth apparaît et disparaît comme elle est venue, désolée, impuissante devant la déchéance physique du bel adolescent d'autrefois.

Les caries dentaires le torturent, les rhumatismes dus à son manque d'exercices ne le laissent plus en repos. Les névralgies de toutes sortes deviennent sa hantise. Il reçoit parfois sa cousine impériale le visage enturbanné de linges, les joues enflammées d'abcès purulents.

La longue silhouette, tout de noir vêtue, passe comme un rêve, suivie de sa dame d'honneur fanatique, Ida Ferenczi. Elle sait que la mort la cerne de près. Elle a perdu sa première petite fille à peine âgée de deux ans. Rodolphe ne cesse de parler de suicide. Sophie, sa sœur préférée, fragile et nerveuse, mourra, brûlée vive dans l'incendie du Bazar de la Charité. Les destins tragiques ne se comptent plus dans la famille des Habsbourg et des Wittelsbach. Elle s'offre elle-même à la Faucheuse avec une insolente liberté. Elle la rencontrera sans trouble, à Genève, sous le stylet qu'un anarchiste mal renseigné lui enfoncera dans le cœur. Il ne savait pas, cet homme, qu'elle était de son bord.

Mais avant, un jour prochain, elle ira pleurer sur le cadavre de son cousin-roi. L'aigle envolé. Celui à qui elle écrivait des lettres d'une puissante mélancolie, qu'elle signait « la colombe ». Et comme Louis ne monte plus à cheval dans les dernières années de sa vie, Élisabeth arrive en voiture avec sa dame de compagnie, et dépose pour son cousin des lettres qu'il trouve à son retour dans l'île aux Roses. Elle ne sait se donner que de loin, car elle aime plus les âmes que les corps. D'autant que la mort aura glacé la chair de deux de ses enfants. Sophie et Rodolphe. Ses deux autres filles, Gisèle et Marie-Valérie, sont folles de leur père, l'empereur François-Joseph, qui, lui, ne cessera jamais d'aimer son épouse nomade. La « colombe » reste impuissante et désolée face aux bruits effrayants qui courent sur son cousin.

21

LA FARANDOLE DES « ON DIT »

On dit que Sa Majesté s'est fait construire une petite chapelle romantique dans le parc de Linderhof pour entendre la messe tout seul. On dit qu'au cours des équipées au clair de lune dans les montagnes, on organise dans la forêt des fêtes auxquelles de jeunes domestiques, des écuries, des laquais, s'ils ont plu au roi, sont tenus de participer. C'est alors sous les tentes des libations jusqu'au petit matin.

On dit qu'à l'occasion du séjour de Sa Majesté sur le Schachen, des jeunes gens, assis à la turque, sous la tente de style turc, boivent des sorbets et fument des pipes turques. De même, au chalet de Hunding, à Linderhof, le personnel du château, allongé sur des peaux de bêtes, boit de l'hydromel dans de grandes cornes. On dit que Sa Majesté mange en plein air, par plusieurs degrés au-dessous de zéro et en pleine tourmente de neige.

On dit que Sa Majesté déclare avec fierté : « Je viens de casser, en pensée, une grande bouteille d'eau sur la tête de la reine, je l'ai traînée par terre en la tenant par ses nattes, et je lui ai écrasé les seins avec mes talons. » Ou bien une autre fois : « J'étais à l'instant en pensée dans le caveau de l'église des Théatins. J'ai arraché le roi Max [son père] de son cercueil et je lui ai donné une gifle sur la tête. »

On ne compte plus le nombre d'enfants qui ont fait la même chose à leurs parents en rêve…

On dit que Sa Majesté a choisi un arbre à côté de Berg, qu'Elle appelle l'arbre sacré, sans qu'on sache pourquoi. À chacun de ses passages, devant cet arbre, à pied, à cheval ou en voiture, Sa Majesté s'incline très bas devant lui. Ou bien embrasse une colonne à l'entrée de Linderhof, chaque fois qu'Elle quitte le château. La même chose se produit à son retour. Si Elle quitte le château brièvement, Elle se contente de toucher la colonne.

On dit que Sa Majesté se poste devant un miroir, les bras croisés et fait des grimaces. Ou bien Elle regarde fixement une tache pendant des heures, en jouant avec une boucle de cheveux, absorbée dans ses pensées.

On dit que Sa Majesté crache devant l'image de son oncle, l'empereur Guillaume, lorsqu'elle passe devant sa statue, à Hohenschwangau.

On dit qu'Elle a donné l'ordre au laquais Hesselschwerdt de recruter des hommes forts pour faire prisonnier le prince héritier allemand, Frédéric, à l'occasion de son séjour à Menton et de le tenir enchaîné dans une grotte, au pain sec et à l'eau. Elle imagine de terribles tortures qui ne mettent pas un terme trop rapide à sa vie, pour qu'il ait le temps de souffrir.

On dit que Sa Majesté s'est affligée de la défaite de la France durant la guerre de 1870. Elle a déclaré que Versailles était déshonorée par l'entrée des Allemands et la signature du traité. Et en parlant de Munich, Elle a dit combien il lui serait agréable de mettre le feu aux quatre coins de ce maudit trou.

On dit que Sa Majesté a ordonné qu'on jette aux oubliettes l'ancien ministre de la Guerre, Son Excellence von Mellinger, qui avait hésité à nommer capitaine son aide de camp préféré, von Dürckheim. Ainsi d'ailleurs que monsieur von Ziegler qui s'était rendu coupable de l'avoir contredit. Un grand nombre de personnes y compris des princes du sang, devaient subir le même sort.

Les serviteurs prétendent, même si c'est faux, qu'ils ont exécuté les ordres de Sa Majesté, afin de ne pas être jetés en prison eux aussi.

On dit que le valet de chambre Welker et le piqueur Bieller se sont attiré la défaveur royale, l'un, pour n'avoir pu réaliser un emprunt de 25 millions seulement, comme le roi l'avait envisagé, l'autre, pour avoir laissé échapper un oiseau d'une volière. Sa Majesté a tenté de les étrangler.

On dit que le valet de chambre Mayr s'est vu interdire pour une année entière, d'apparaître devant le roi autrement que le visage couvert d'un masque pour dissimuler sa laideur. Quant au laquais Sauer, il fut promené sur les routes vertigineuses de Hohenschwangau, assis sur un âne et vêtu d'un vêtement de clown imaginé tout exprès par Sa Majesté. Le valet de chambre Buchner, dont la sottise irritait le roi, dut porter au front un sceau de cire à cacheter pour montrer qu'il avait le cerveau scellé. Hesselschwerdt reçut l'ordre de pendre les gens s'il le fallait et de faire sauter la ville de Herrenworth.

On dit que les personnes en disgrâce ne devaient apparaître sur les rapports que sous leurs initiales, Sa Majesté interdisant que l'on prononce leurs noms.

On dit que Sa Majesté prévoyait de céder la Bavière pour une forte somme à son oncle, le prince Luitpold, ou de la vendre à la Prusse et de se mettre en quête d'un autre royaume dans lequel on pourrait instaurer un système de gouvernement absolu qui lui permette de faire ce qu'il voulait.

On dit que Sa Majesté se déguisait en cachette en costume de roi de France. Que dans ses promenades nocturnes, Elle était munie de la couronne et du sceptre, objets précieux ne pouvant qu'avoir été extraits officieusement de la Chambre du Trésor.

On dit que Sa Majesté se découvrait toujours en passant devant le buste de la reine Marie-Antoinette qui se trouvait sur la terrasse de Linderhof et qu'Elle lui caressait la joue. Pour montrer sa vénération, le roi prenait un air concentré en la regardant, s'éloignait à reculons, d'abord lentement, puis de plus en plus vite, pour finalement se détourner dans un douloureux adieu.

On dit aussi que le roi avait coutume de s'agenouiller devant un tableau de Louis XIV. Quant à Hesselschwerdt, il devait tendre la main vers le tableau comme pour prêter serment en s'agenouillant également, mais sans avoir le droit de lever les yeux sur lui.

On dit que les domestiques doivent paraître devant Sa Majesté profondément inclinés et se faire comprendre par des signes. S'ils n'y parviennent pas, ils font le geste d'écrire et passent dans l'antichambre pour rédiger leur message.

On dit que depuis un an, lorsqu'un membre du personnel de service est puni, il doit se coucher de tout son long à plat ventre, Sa Majesté ayant découvert dans un écrit le cérémonial en usage à la cour de Chine.

On dit qu'une faute de français qui se répète peut donner l'occasion d'être enfermé aux oubliettes. Ce que bien sûr l'on fait semblant de faire, mais que l'on ne fait pas.

On dit que Sa Majesté peut rosser un domestique jusqu'au sang. Le piqueur Rothenanger, petit et chétif, en serait mort un an plus tard. Un autre, boucher de son état, qui avait reçu un violent coup de pied dans la figure, aurait dit : « À tout autre que lui, j'aurais mis les tripes à l'air. »

On dit que Sa Majesté laissait souvent le courrier ouvert, en souffrance pendant des jours entiers, et qu'il était offert aux yeux des domestiques, alors qu'il concernait des secrets d'État de la plus haute importance. De même pour les actes à promulguer qui attendaient indéfiniment la signature de Sa Majesté.

On dit que le valet Hesselschwerdt et le coiffeur Hoppe sont consultés pour la nomination d'un nouveau ministère et que leurs avis ont été transmis à monsieur von Ziegler, le secrétaire du roi, pour le remplacer. Voici à ce sujet une lettre du roi, écrite au crayon, en toute hâte, à destination de son valet :

> « Fais bien attention et règle correctement cette affaire. Parle longuement à Ziegler. Dis-lui que les ministres actuels doivent partir, ils se sont rendus insupportables à mes yeux. (*Ils refusaient d'accorder l'argent des châteaux.*) Que Schneider s'en aille immédiatement, et qu'on le remplace par quelqu'un de compétent (*c'est-à-dire qui lui donne de l'argent pour ses châteaux*). Si les Chambres se butent, les dissoudre, en réunir d'autres et bien avertir le peuple. Mais vite. Dis-lui d'ajouter quelques millions au reliquat – sans que les Chambres sachent dans quel but, elles pourront croire que cela fait partie du reliquat.

Les autres millions, trouve-les toi-même. Dis-lui que les constructions sont la principale joie de ma vie. Que je suis très malheureux depuis que tout est honteusement arrêté, que je songe sans cesse à abdiquer, à me suicider, que cet état doit prendre fin, qu'il ne faut plus que les constructions soient arrêtées, que s'il arrange tout, il me rendra la vie. Tâche de lui bien faire sentir cela et cela avant tout. Cela ira si les dépenses en cours sont immédiatement couvertes (il n'est pas question d'avances, ce serait indigne de moi), ensuite la liste civile sera en mon entière possession. Il est facile d'ordonner les choses à ce sujet en avançant rapidement la chambre à coucher de Linderhof, et l'achèvement des travaux aux châteaux de Herrenwörth et de Falkenstein (*qui n'étaient encore, disons-le, qu'à l'état de maquettes sur papier et ne verraient jamais le jour*). Le bonheur de ma vie en dépend, monsieur von Ziegler le comprendra certainement. Il doit s'épuiser à la tâche et tout renverser pour y parvenir, vaincre toutes les difficultés, jeter bas les obstacles, l'essentiel est de faire le plus vite possible. »

Remarquons que Louis II se parle comme à lui-même, dans un délire qui le délivre. Il adresse ses souhaits, ainsi que les enfants le font au Père Noël, à un homme sans aucun pouvoir. Il le sait.

Mais à qui exprimer tout cela, si ce n'est à cette malheureuse feuille de papier sans valeur où il couche librement tout ce qui lui est interdit ? Un jour, les traîtres se serviront de ce genre de messages pour destituer le roi.

On dit encore que Sa Majesté traite ses ministres de canailles, de fripouilles et de crapules. Les membres de la Chambre ne sont pas mieux traités.

Pfistermeister a prétendu que le roi se comportait comme un aveugle sans guide au bord de l'abîme. Au bord de l'abîme, sans doute. Aveugle, sûrement pas. Il voit trop bien, justement, l'impasse où il est rendu, pour ne pas dégainer soudain l'ironie supérieure de celui qui échappera à ses poursuivants, quoi qu'ils tentent contre lui. C'est le ton de ses galéjades, de ses faux caprices, de ses colères d'ogre ; de son désespoir qui éclate en coups de gueule, en coups de pied, en coups de foudre, en coups de théâtre et en coups de sang. Mais rien de tout cela n'est vrai. Il peut saluer Marie-Antoinette ou l'inviter à dîner, ce n'est pas plus étonnant que les millions de gens qui croient aux fantômes, ou caressent dans les églises les pieds des saints par dévotion.

Il est atteint, sans le savoir, du grand rire nietzschéen de la désespérance. Le fou de Sils-Maria ne l'aurait pas désavoué. Une lucidité de feu lui brûle la cervelle, certes, mais il ne peut plus revenir en arrière. Il sait, il en a parlé avec Élisabeth, que « l'on ne descend pas impunément du banquet des dieux dans le monde des mortels ».

On en revient méconnaissable, étranger à jamais, déchaînant la meute. Auréolé d'un mystère haïssable à celui qui ne le possède pas.

22

JOURNAL INTIME

Dans le rapport qu'il donna à la commission chargée de décider du destin du roi, Neumeyer affirme : « Sa Majesté a cessé de fréquenter des hommes cultivés. » Il oublie les centaines d'artistes et d'artisans, acteurs, penseurs, que Louis côtoie nuit et jour, dans ses châteaux ou dans les livres. Il lit en mangeant, en voyageant, en se promenant. Il dévore les livres au point qu'il se plaint, à cause de cela, d'avoir la vue qui baisse. Évidemment, son secrétaire de cabinet, ses valets de chambre, son coiffeur, ses piqueurs, les paysans tyroliens, deviennent peu à peu son unique société. Mais c'est seulement parce qu'il préfère l'érudition brute et sûre d'un palefrenier compétent, au discours redondant du monsieur qui dîne en ville.

Louis s'entoure d'une cour avec laquelle il se joue de l'étiquette. Il se prend d'affection impromptue pour des inconnus. Il ferme la porte de ses châteaux aux princes et aux archiducs, mais lorsqu'il remarque la bonne tenue d'un simple soldat ou d'un serviteur, il lui fait visiter le jardin d'hiver ou l'invite à une représentation privée de son théâtre.

Dans son kiosque marocain, les montagnards se déguisent en maharadjahs couverts de bijoux, de turbans de soie et de chaînes d'or. Louis leur pose des questions sur la vie, et se passionne pour leurs réponses pleines de verdeur et de vérité.

Mais lorsque l'un d'eux, par son insolence ou sa beauté rude, éveille le désir du roi amoureux, une tempête violente se lève dans le cœur de l'homme. L'ogre se dresse, affamé de chair fraîche, de caresses et de saveurs aiguës. L'isolement des montagnes, le luxe, les parfums, les alcools, les coussins profonds où le roi s'enivre de volupté, le mènent aux plus ardentes jouissances. Plus son plaisir est épique, plus il l'enchaîne, conscient à en hurler de joie, du sacrilège fait aux raseurs de tout poil ! Sa mère, les ministres, feu son père, qu'il gifle en rêve pour l'avoir frustré toute son enfance, l'Église et ses prêtres ombrageux, son oncle Guillaume, son cousin Frédéric. À tous, il éjacule à la tête, sa hargne libertaire d'homme fou d'orgueil et d'amour aussi.

Mais ensuite, quel drame ! Les scrupules d'une royauté d'essence divine le torturent. La pureté du cygne l'ensorcelle. Une honte importune obsède ses nuits. Il a encore fauté, parjuré ses serments de chasteté. Il pleure, sanglote, supplie le Christ, Louis XVI et Marie-Antoinette de le sauver du stupre et de la fornication. Son journal intime regorge de ces cris de détresse.

Le leitmotiv est incessant, lancinant, de 1870 à 1886, année de sa mort. La parole y est hachée, bégayante, hâtive, comme honteuse. Définitive et lamentable comme le résultat sans effet qu'elle obtient.

Serment solennel devant le portrait du grand Roy
« Pendant trois mois s'abstenir de tout émoi »
« Il n'est pas permis de s'approcher à moins d'1 pas et demi. »
Donné à Hohenschwangau
L'an de grâce 1871
Le 8e de notre règne

Dernière chute le 14 août
Expié par le parfum vivifiant et réconfortant du lys royal
Berg 30 juillet 1871
Jour de la Rédemption
Plus possible avec personne
Y.E.R. (Yo El Rey)

Pas août, pas plus septembre
Aujourd'hui des lys – baiser des lèvres du Roy
Le dernier !
Schachen

3 févr. Ne plus abaisser les mains une seule fois, sous peine de punitions sévères ! YO EL REY

D.P.L.R. Terminé. Plus jamais jamais les mains. Telle est notre Royale Volonté.
Amen

De Par le Roy
Il est ordonné sous peine de désobéissance de ne plus jamais toucher au Roy, et défendu à la nature d'agir trop souvent.
Donné dans notre résidence royale à M. le 22 avril 1872

De Par le Roy
Au nom du Roy Louis XIV et du Roy Louis XV, il est ordonné que dans la nuit du quatorzième au quinzième octobre 1872 on s'est touché pour la dernière fois...
Donné à Hohenschwangau le 15 octobre de l'an de grâce 1872 de notre règne le neuvième.

Serment sacré, serment à ne jamais rompre dans la nuit du Nouvel An 1873 ! Je le jure et promets de la manière la plus solennelle, par le signe pur et sacré des lys royaux !
Ne jamais franchir la balustrade qui entoure le Lit Royal. Résister avec le plus grand courage autant qu'il est possible, à toute tentation. Ne jamais céder dans la mesure du possible, à l'une d'elles, ni dans les actes, ni dans les mots, ni même pas en pensée. De cette façon me purifier toujours davantage de toutes les impuretés malheureusement inhérentes à la nature humaine et Me rendre ainsi toujours plus digne de la couronne que Dieu M'a conférée. (*Donné dans la chambre du Roy, dans le balustre, sacré et infranchissable, agenouillé sur l'estrade, la tête protégée par le dais du lit Royal. Dieu m'aidera.*)

À Berg, le 7 juillet la nuit, à Hohenschwangau le 22 juillet la nuit, 1866 (signification symbolique).
1877 année du rachat !
Le Lys Royal triomphe et rend toute rechute totalement impossible.
Juillet 1930 jours encore, ensuite jamais, jamais, jamais plus.
1877 année du rachat (de 30 à 31 ans)

Époque des lys. Année du Nibelungen
Richard Wagner et Ludovicus Rex
Qu'encore une fois cette chute soit frôlée et le droit à la couronne et au trône Royal sera perdu.
Moi le Roy

De Par le Roy
Je jure aujourd'hui le 21 janvier de terrible mémoire, l'anniversaire de l'assassinat du Roy de France et de Navarre Louis XVI du nom, qu'hier, la dernière nuit c'était la dernière fois pour jamais, racheté par le Sang Royal ! (le saint graal) – absolument la dernière fois sous peine de cesser d'être Roy ! – Juré le 21 janvier 1877 à Hohenschwangau (dix ans depuis l'année si chère à tant de titres).

Frôlé de manière effroyablement proche la chute totale, la nuit d'avant le 13 septembre 77. Maudite la fascination de l'apparition qui s'impose à nos sens ? Juré jamais et jamais, jamais plus, dans l'année de l'achèvement de Linderhof et dans l'année précédant le début de la construction du Chiemsee (Versailles !)

Espérance d'être racheté par le Sang Royal innocent et répandu.

Que les suites de la déplorable faute du 10 octobre 1881 soient étouffées à jamais, jamais, j'invoque la mémoire de la grande Reine (Marie-Antoinette) saints baisers à la colonne de marbre de la grande galerie, près du salon de la paix et à la colonne de marbre du vestibule, ainsi qu'à la pierre du socle de la croix et à la neige, symbole de la

pureté et de la candeur du lys, afin qu'elle me donne la force de vaincre le mal à jamais.
Linderhof le 16 octobre 1881.

Le 16 octobre, derniers baisers sensuels et profanes, baisers qui doivent tuer la Force… Que la mémoire du martyre de la Sainte mort de la grande Reine me donne la force de dompter le mal que je maudis auquel je veux renoncer à jamais ! jamais ! jamais !!! dix ans après Reims (25 août 1875/85) Louis.
LM (Louis et Marie-Antoinette)
Derniers baisers
Juré devant l'image du Grand Roy
Terrassant le mal !!!
(16 nov.)

Au sens, haine mortelle ! Plus de baisers (juré la veille le jour du 27 janvier) en souvenance de la mort auguste du Roy Charles Ier d'Angleterre et du Roy Louis XVI de France et de Navarre.
13 février. 3 années après le décès de Richard Wagner juré par son nom immortel et devant le portrait du Grand Roy jamais plus baisers sensuels le 15 avril 1886 le matin définitivement la dernière chute que je déplore de tout mon cœur et dont je me repens sérieusement. 4 mois et 10 jours avant que les 41 ont sonné ! donc encore… ans, le 18… dimanche des rameaux (Pologne…) le serment donné devant l'image de la sainte vierge immaculée près du lit, serment.

Serment devant l'image de Saint Louis dans l'oratoire, devant le portrait du Grand Roy Louis XIV et serment de

même devant la niche du trône, palmes, images des saints Roys, du Sauveur! – jamais, désormais jamais jamais et serment le même dimanche dans l'église de tous les saints…
le 6 mai
7 h matin
3 mois et 17 jours (nombre des lys royaux)
dernière faute sensuelle et baisers
du nom du grand Roy

Les mots soulignés l'ont été par Louis II. Souvent deux ou trois fois.

23

NON-RETOUR

La démesure tient Louis II dans ses griffes. En détruisant les barrières de la royauté, il s'est coupé d'une certaine sécurité. Dont il ne veut pas, du reste. Il commande *Theodora*, la pièce de Victorien Sardou ; envoie les décorateurs en repérages à Constantinople pour qu'ils reproduisent sur scène tout le faste byzantin. La production s'élève à 300 000 marks. La ruine menace. Sa liste civile est exsangue. Sa fortune personnelle n'y suffit plus. Il est endetté de treize millions de marks. (Dès 1876 le mark allemand avait remplacé le florin bavarois.) Le gouvernement, sous l'impulsion de son oncle Luitpold, ne répond plus à aucune de ses demandes de financement. Louis menace de le renvoyer et d'en former un autre. Mais le nouveau cabinet serait constitué de son coiffeur Hoppe, de ses palefreniers, cuisiniers, et de ses valets de chambre, comme Hesselschwerdt qui maintenant tient le haut du pavé. Depuis que Lutz est Premier ministre, on ignore les ordres du roi. Celui-ci continue à rêver à de nouvelles constructions hors de prix. En particulier Falkenstein qui doit être flanqué maintenant d'un immense palais de style chinois reproduisant la Cité impériale de Pékin. On lui refuse tout. Il se tourne à nouveau vers Horning, en mai 1884, et lui écrit :

> « Il est clair que les lamentables individus dont dépendent les arrangements, je veux dire : Effner, Dollman [architectes], Bürkel [secrétaire d'État] et surtout Pfister, ont été, et sont encore, une entrave à tous mes plans. Je vous ordonne de me débarrasser de cette clique, Dollman pour la fin de l'été, et Pfister le mois prochain, dernier délai. Voyez Brandt et les architectes de Ratisbonne. Mettez tout cela au point avec Mayr [son valet]. Il y a quelques jours, je vous ai chargé d'informer Pfister qu'il lui était interdit d'entrer directement en contact avec moi : exécutez cet ordre. On ne peut avoir aucune confiance en lui, il est largement responsable du retard. Surtout n'ayez aucune confiance en lui ! Dépêchez-vous de me trouver un autre secrétaire à la cour ; j'en veux un docile. Quelqu'un qui me tiendra au courant personnellement. Pfister est tombé trop bas pour cela. »

C'est lui maintenant qui en appelle au compte rendu du conseil des ministres qu'on ne lui envoie plus. Les domestiques abreuvés d'ordres absurdes ou irréalisables, se montrent fuyants. Louis doit payer les uns ou les autres pour obtenir les services qu'il commande. On aperçoit, à travers des billets écrits de sa main, l'horrible situation qui se dessine autour de lui. Les travaux d'Herrenchiemsee sont en panne. Il écrit à Hesselschwerdt : « Écrire de façon pressante à Klug que je veux voir cesser la suspension de paiement des banques. Cent ouvriers doivent se mettre au travail, ici, dans la chambre d'apparat. Il est vraiment scandaleux que Klug n'arrive à rien en distribuant des décorations et des titres. »

Mais c'est dans son existence domestique que les dégradations sont les plus affligeantes. Les petits billets écrits au crayon se succèdent de façon ininterrompue. L'état de ses dents cariées ou absentes, lui intime de ne plus s'adresser à quiconque en direct. Il ne veut être ni regardé, ni approché de près, ni dérangé dans cette tour d'ivoire qui l'emprisonne maintenant. La statue du roi légendaire s'écroule. Son propre corps lui devient un cercueil où il étouffe peu à peu.

« Si je donne l'ordre de nettoyer ma chambre, on ne doit pas attendre pour le faire, comme cela s'est déjà produit. Les crayons doivent être taillés sans que j'aie à en donner spécialement l'ordre. Après-demain, mille marks… »

Il se plaint qu'on lui monte son café bouillant, que son nœud de cravate soit si mal fait qu'il soit obligé de le refaire lui-même. Il exige que le service à thé ne soit ni chinois, ni japonais. Le bleu doit en être plus pur et plus lumineux. Les tasses, grandes et rondes, à bord doré d'où part le bleu, avec en relief, des bâtiments, des paysages, des oiseaux, des dragons. Il ne traitera plus Hensler avec bonté car le valet n'a pas apporté les plats assez vite, ni signalé l'arrivée des rapports. Cette « canaille de Bruller » n'a pas exécuté l'ordre d'attraper le gros bourdon qui l'importunait. Il faut que le chanteur Hiedl se frictionne le cou avec de l'huile et boive du vin chaud, pour qu'il retrouve sa voix. Il faut dire à Osterholzer de ne pas se laisser pousser la moustache, mais de ne pas la couper non plus. Il ne faut pas laisser la fenêtre ouverte lorsqu'on prépare la chambre, car Louis craint d'être assassiné. Il faut décidément éloigner Bruller. La température ne doit pas dépasser 19 degrés dans les pièces. Bruller sera enfermé pendant une heure et demie dans un réduit. Le souper doit être servi plus tôt. Il manque deux boutons à son pantalon. Plus personne ne sait faire les nœuds de cravate. Car peu à peu les domestiques qui ne veulent plus le servir sont remplacés par des chevau-légers qui n'ont aucune idée du service royal.

Ses billets deviennent de plus en plus puérils et fantasques. Mais ils restent cependant inoffensifs. Car non observés par le personnel.

« Attacher Bruller. N'aime pas Gillitzer. Pas assez agréable. Enfermer Nagel pendant deux heures. Écrire à Klug qu'il est un ignoble individu. »

Et puis sa chambre est mal faite. Il faut qu'il y ait 17 degrés dans le cabinet de toilette. Ou 15. Il n'y a pas de brosses à dents neuves. Celles-ci sont trop vieilles. Il faut aussi nettoyer la grotte de Linderhof.

Il renvoie successivement tous ses secrétaires de cabinet. Bürkel, Pfistermeister, Gresser, von Klug. Louis II a dépêché von Klug auprès de Bismarck pour emprunter un million de marks à l'empereur Guillaume. Cela lui est bien sûr refusé. Il en rend Klug responsable, ne pouvant admettre le refus du chancelier. Il croit que son conseiller lui dissimule la vraie réponse de l'empereur d'Allemagne. N'importe ! Il se sépare de lui comme des autres.

On ne trouve en tout cela aucun déséquilibre marquant, mais plutôt les accès d'humeur ou la détresse d'un homme habitué à être servi depuis qu'il est né et qui s'irrite de ne plus l'être. Tous ces petits billets que les valets ont communiqués aux enquêteurs, par déloyauté, trahissent les péripéties minuscules d'une vie désorganisée. D'un esprit inquiet qui se sent lâché de tous côtés. Qui se sait maintenant l'objet d'un complot, d'un piège se refermant sur lui, comme on jette le filet des chasseurs sur le lion blessé.

Chacun de ses mouvements resserre les liens qui entaillent sa chair.

Louis II, tout occupé de ses recherches de financement, ne se soucie plus de politique depuis que Berlin décide de tout. Von Lutz n'a pas à mener de batailles savantes autour des textes constitutionnels pour savoir qui détient quels pouvoirs. En Bavière, il les a tous en tant que Premier ministre.

En revanche il se souvient de l'article qui spécifie :

« Si une cause quelconque et dont les effets s'étendent sur plus d'un an, empêche le monarque d'assumer le gouvernement, la régence légale sera instaurée. »

Il suffit d'établir cette « cause ». Le roi n'a-t-il pas prétendu vendre la Bavière pour payer le prix de ses châteaux ? Il faut qu'une commission de psychiatres établisse un rapport qui prouve la folie de Louis II. Ainsi on pourra le déposer et même, pourquoi pas, l'interner. Puisqu'il refuse d'abdiquer.

Bismarck, qui a conservé l'affection profonde et l'estime qu'il avait éprouvées pour le jeune monarque auréolé de beauté, confie à l'ambassadeur de Munich : « Vos ministres sont en train d'assassiner leur roi pour conserver leur portefeuille. »

Lutz n'oublie pas non plus que son vieil ami, le professeur Bernhard von Gudden, occupe la chaire de psychiatrie à la faculté de Munich et est expert auprès des tribunaux. C'est lui qui s'est chargé de signer l'internement du frère de Louis, Othon. À cette occasion il avait rencontré le roi.

Le régent pressenti pour diriger la Bavière à la place de Louis II, est son oncle Luitpold, le frère de son père Maximilien. Il n'a pas jusque-là manifesté une envie folle de régner. Il est d'ailleurs âgé de 74 ans et ne fut jamais qu'un passionné de chasse. Néanmoins il se comporte en éventuel héritier, attendant sagement le naufrage politique de ses deux neveux. Tout le monde connaît dans Munich sa physionomie de chasseur patient et rusé, l'œil perçant, les narines ouvertes au vent, une barbe de patriarche suppléant à sa petite silhouette nerveuse.

Il accepte le titre de régent qui ne changera pas sa vie. Les ministres gouvernent et Berlin décide. Luitpold n'aura qu'à signer les décrets. Le principal étant d'empêcher Louis II de continuer à vider les caisses de l'État.

C'est pourquoi, prenant ses responsabilités, Luitpold écrit au conseiller von Ziegler la lettre qui initie la procédure de destitution du roi :

> « Mon cher conseiller ministériel von Ziegler,
> L'évidente maladie de Sa Majesté le roi a, comme vous le savez, plongé le pays dans une situation si lamentable que je pense qu'il est de mon devoir d'envisager les mesures qui, conformément à la Constitution, garantiraient la continuité du gouvernement. À cette fin il est absolument indispensable d'avoir un rapport aussi exact que possible sur l'état mental de Sa Majesté le roi. Comme vous avez été longtemps dans l'entourage immédiat de Sa Majesté, vous devriez être en mesure de relater les faits patents qui constitueraient un précieux témoignage psychologique. En conséquence, je vous prie de me faire parvenir un document où seraient consignées les observations que vous avez faites en ce sens.
> Prince Luitpold »

Qu'en termes galants ces choses-là sont dites. Il ne s'agit de rien de moins que de limoger son neveu pour lui prendre le trône de Bavière.

24

UNE COMMISSION D'OPÉRETTE

Lutz est en effet bien décidé à se séparer du roi mais non de son poste. Il demande donc à Gudden de se prononcer sur l'état mental du souverain. Il est impossible de passer par un examen clinique de Louis II tout simplement parce que la dignité de la fonction ne le permet pas et que le « patient » ne s'y résoudra jamais. On va donc réunir des témoignages sur sa vie auprès de ceux qui l'entourent. Ce sont des hommes frustes et sans moralité que l'on va écouter. Bürkel, secrétaire d'État, et Dürckheim, seul aide de camp fidèle, s'y refusent. Quant au valet de chambre, Mayr, il ne témoignera qu'après la mort du roi. Ziegler et Müller, ainsi que l'écuyer Welker, par contre, font leur déposition sous serment. Le volumineux dossier, composé en partie des billets et des lettres écrits par le roi, va servir de base à la rédaction de l'expertise. Aucune confrontation directe ne sera menée.

Gudden entre en possession des déclarations le 7 juin. Il s'attache les services des docteurs Hagen, directeur de l'asile d'Erlangen, Hubrich, successeur de Gudden à la direction de l'asile de Werneck, et Grashey, qui avait été l'assistant de Gudden à Werneck et devint rapidement son propre gendre. Aréopage uni et confiant sous la houlette de leur mentor. Grashey raconte :

« Le mardi 8 juin, nous avions rendez-vous à Munich, afin de préparer avec Gudden l'expertise qu'on nous demandait de rendre sur la base des documents réunis. J'arrivai à Munich le lundi 7 juin, 62e anniversaire de Gudden. Je le trouvai complètement absorbé par l'analyse et le classement des papiers. Il travailla toute la nuit avec une interruption de deux heures. Lorsque nous nous réunîmes le mardi 8, à 9 heures du matin, il nous présenta une ébauche détaillée de l'expertise. Grâce à ce travail préliminaire, et à la vue des documents extraordinairement riches et probants, tous les experts furent convaincus des troubles mentaux du roi. À midi, l'expertise rendue à l'unanimité, fut donc prête et rédigée de façon propre et nette. »

Expertise-éclair que les compères n'eurent plus qu'à parapher sans état d'âme.

Que pouvait bien cacher cette précipitation ? Une peur de la fuite du roi ? Cette fuite, d'une certaine façon, aurait pu tout solutionner sans passer par la déchéance officielle du souverain. Ni par les épisodes lamentables qu'elle allait provoquer.

Le rapport est d'une imprécision on ne peut plus pudique. Mais lorsqu'il s'agit de la vie d'un homme, peut-on se permettre de rester aussi vague ?

« Nous déclarons à l'unanimité : 1° Que l'esprit de Sa Majesté le roi est parvenu à un état de trouble très avancé. Que Sa Majesté souffre de cette forme de maladie mentale, bien connue par expérience des médecins aliénistes, et qu'on nomme "Paranoïa". 2° Considérant la nature de cette maladie, son développement lent et continu, et sa longue durée, qui comprend déjà un assez grand nombre d'années, nous devons la déclarer incurable, et l'on peut même prévoir que de plus en plus, Sa Majesté perdra ses forces intellectuelles. 3° La maladie ayant complètement détruit, chez Sa Majesté, l'exercice du libre arbitre, il faut La regarder comme incapable de conserver le pouvoir, et non pas pendant une année seulement, mais durant tout le reste de sa vie. »

Fait à Munich, le 8 juin 1886

Drs von Gudden, Hagen, Grashey, Hubrich »

Et maintenant que fait-on ? À qui remettre ce document ? Le roi est toujours roi. C'est lui qui décide. La situation est absurde vu qu'il n'a pas été examiné et que cette décision s'est prise sans qu'il soit concerté. Or comment consulter quelqu'un pour qu'il certifie sa propre « folie » ?

On ne va pas s'arrêter en si bon chemin. On nomme von Holstein, tuteur du roi.

Dans l'après-midi du 9 juin, on rassemble tout le monde et, dans la foulée, la troupe, accompagnée d'infirmiers et de gardes du corps, se dirige vers Neuschwanstein où Louis II s'est retiré. Il s'agit d'affronter le roi. Il y a deux ministres, Crailsheim et Törring ; Holstein, ex-intime de Louis II et grand maître des écuries royales ; Gudden, psychiatre, Müller, son assistant, et des infirmiers, dont Bruno Mauder, qui est en charge du prince Othon. Ils sont encadrés par un détachement de gendarmes venus les protéger de la foule.

Ils vont en train jusqu'à Oberdorf. De là des voitures attelées des meilleurs chevaux les emmènent jusqu'à

Hohenschwangau où ils arrivent vers minuit. Ils exigent alors que leur soit servi un plantureux souper pour se remettre de leurs émotions. Ces messieurs de la ville n'ont pas l'habitude de quitter Munich. Le trajet les a creusés. La reine Marie, qui prie pour son fils jour et nuit, leur fait servir truites, poulets, foie gras, chevreuil, crème vanille, framboises. À dessein ou non, elle les abreuve de litres de bière et de dix bouteilles de champagne. Jusqu'à quatre heures du matin, les hommes venus accomplir ce qu'on appelle une « sale besogne » se réjouissent sans vergogne comme pour oublier ce qu'il leur reste à faire.

À l'aube, passablement détendus, ils se remettent en route vers Neuschwanstein. Conscients de l'horreur de la démarche qu'ils vont accomplir, l'ambiance qu'ils font régner dans les voitures est assez lugubre. Ils se disputent pour définir le rôle de chacun. La pluie tombe. Les sommets des montagnes disparaissent dans la brume. Le jour commence à peine à se lever lorsqu'ils doivent se résoudre à terminer leur chemin à pied. L'ascension vers Neuschwanstein prend un tour de conquête de l'Annapurna. L'aigle dans son nid n'est pas si aisé à atteindre. L'impression grandiose qui se dégage de cette nature hostile, dans sa solitude, les ramène à de toutes petites dimensions. Les leurs. Lorsque la silhouette féerique du château se dresse devant leurs yeux, sur son piton rocheux, un certain trac leur noue la gorge. Gudden, en partant, avait dit à sa femme : « Je reviendrai vivant ou mort. » Il ne croyait pas si bien dire. Déjà, à l'approche de l'énorme édifice qui lance ses tours vertigineuses vers le ciel, une surprise les attend.

Louis II est informé de l'intrigue qui se trame contre lui. Son fidèle cocher Osterholzer lui a donné l'alarme. Les montagnards pour qui le roi peut se permettre toutes les extravagances puisqu'il en a les moyens, se considèrent comme les gardiens naturels de sa personne sacrée. Ils sont tout prêts à répondre à l'appel de leur souverain. D'abord Louis se révolte. Il en appelle aux gendarmes et aux pompiers volontaires et à tous ceux qui veulent le défendre. Les villageois armés jusqu'aux dents se dirigent en pleine nuit vers le château. Le comte Dürckheim, son aide de camp toujours à Munich, colonel dans l'armée bavaroise, lui reste fidèle au moment où tous l'abandonnent. Il envoie à Berlin un télégramme où Louis II réclame le secours de Bismarck. Celui-ci répond aussitôt par une dépêche qui dit : « Sa Majesté doit se rendre aussitôt à Munich, se montrer à son peuple et défendre personnellement sa cause devant le Parlement bavarois. »

Bismarck pensait que, soit Louis II était parfaitement sain d'esprit, et dans ce cas, il suivrait son conseil, ou bien il en était incapable et malheureusement la « catastrophe suivrait son cours dans ce funeste mois de juin ». Il est trop tard.

Louis a mis à profit le conseil de Bismarck, à sa façon, en alertant les habitants des environs de Neuschwanstein qui lui sont profondément attachés. On dit aussi que le roi a eu un long entretien de quatre heures avec le docteur Gerster quelques jours auparavant et que celui-ci n'a rien trouvé d'anormal dans son comportement.

Le 9 juin on affiche dans toute la Bavière, la déclaration du prince Luitpold et les dispositions qui sont prises en conséquence. Tout sera donc réglé en l'espace d'une journée.

Mais non. Ce ne sera pas si simple. L'arrivée de la troupe à Hohenschwangau a déjà été signalée à Louis II. Les paysans favorables au roi sont en révolution. Une vieille dame, la baronne Spera von Truschsess, accompagnée d'une domestique, menace la troupe des piétons de son parapluie, fait un tintamarre de tous les diables en criant qu'elle allait rejoindre son roi et le sauver. « Monsieur Gudden, monsieur Gudden, criait-elle, je veux protéger mon roi ! »

Il s'agissait, certes, d'une excentrique de la haute société munichoise, qui, ayant eu vent du complot, tentait en faisant un scandale, d'empêcher ce qui était à ses yeux une infâme profanation. Connaissant personnellement la plupart des membres de l'expédition, elle les apostrophait violemment : « Monsieur le ministre, disait-elle à Crailsheim, ne venez plus jamais jouer du piano avec moi. Comte Holstein, votre honte retombera sur vous et sur vos enfants. Soyez maudits à jamais si vous mettez vos menaces à exécution ! »

Louis II a pris sur-le-champ les mesures qui sont en son pouvoir. Les pompiers des cantons alentour sont positionnés sous le grand portail d'entrée de Neuschwanstein, ainsi que les gendarmes des environs, avec ordre d'en interdire l'entrée à quiconque se présenterait.

Au petit jour, les émissaires du prince Luitpold, dans leurs uniformes chamarrés d'or et constellés de décorations, se présentent à la poterne de l'imposant burg féodal. La baronne prévient les gardes par les clameurs qu'elle pousse dans le silence de ce petit matin glacé. Crailsheim, Holstein et Törring sont en tenue d'apparat, les autres dans leur dolman rouge réglementaire, et les médecins, en habit et cravate blanche de cérémonie. La mascarade a quelque chose de grotesque et de décalé dans ce décor pur et sauvage où la nature se moque de la petitesse humaine. Les montagnards, hostiles et menaçants, font cercle autour d'eux.

La troupe du docteur Gudden comprend que les choses ne vont pas être si simples qu'elle s'est plu à l'imaginer. L'inquiétude des participants se précise lorsqu'en approchant de l'entrée, ils découvrent les pompiers et les gendarmes, baïonnettes croisées, qui leur interdisent d'aller plus avant. Crailsheim tente de les impressionner en leur disant de rentrer chez eux puisqu'« il n'y a pas le feu ». La déclaration du prince Luitpold, lue à haute voix, ne produit aucun effet. Le portail reste clos. Gudden avance timidement que les gendarmes sont tenus d'obéir au comte Holstein missionné par le ministre de la Guerre. On lui répond que rien ne passe au-dessus des ordres de Sa Majesté le roi de Bavière.

Les membres de la commission s'en retournent bredouilles au château d'Hohenschwangau, afin de prévenir Munich de l'échec de leur délégation, et d'attendre les ordres suivants.

Mais vers six heures du matin, les gendarmes de Louis II viennent les arrêter au nom du roi. Ils sont couverts de ridicule, comme le dira Gudden par la suite. Les paysans accourus se pressent sur le chemin pour les insulter et leur montrer le poing.

Ils durent refaire à pied le trajet accidenté qui grimpait à pic jusqu'à Neuschwanstein, entourés de gendarmes armés de fusils, comme des malfaiteurs. Sans cette garde rapprochée, ils auraient peut-être été lynchés. Des gueules hirsutes, tirées du sommeil, éructaient des injures cinglantes en brandissant des fourches.

Louis II était entré dans un accès de fureur comme il en avait peu eu depuis longtemps. Ses yeux jetaient des éclairs, il étouffait de rage et menaçait la troupe des pires sévices. La délégation était prise entre dehors, la fureur populaire, et dedans, celle du roi.

D'abord, il commanda de les jeter aux oubliettes du château et de les laisser « crever de faim et de soif ». Puis les billets se succédèrent à une allure vertigineuse. Qu'on les mette aux fers, qu'on les batte jusqu'au sang. Qu'on leur arrache les yeux, qu'on les écorche vif. Qu'on leur interdise de se laver : « Qu'ils étouffent dans leur merde. »

Holstein préférait mourir tout de suite plutôt que d'être livré à la foule. Crailsheim voulut soudoyer ses gardiens. Sans succès. Ils se voyaient tous en danger de mort. Se croyaient revenus à la Révolution française, comme dira l'un d'entre eux.

Les infirmiers qui eux, n'avaient fait qu'obéir aux ordres, furent reçus et nourris convenablement aux cuisines.

« Nous devions donc lentement mourir de faim, rapporte Müller dans ses mémoires. C'est alors que je demandais aux infirmiers qui se goinfraient de bière et de rôti, de nous ramener quelque chose. Un valet, en se faisant grassement payer, nous apporta de la bière, du pain et des saucisses. »

De deux choses l'une, ou bien Louis II est sain d'esprit, alors comment le destituer avec son approbation ? Ou bien il ne l'est pas, et dans ce cas toute démarche officielle devient inutile. On l'enferme un point c'est tout, comme on a enfermé Othon.

Sa crise de colère passée, Louis II qui ne pouvait juridiquement garder les médecins et les ministres enfermés, les fit relâcher au bout de quelques heures de détention. En rentrant à Munich le jour même, très choqués de leur mésaventure, ils rendirent compte au prince Luitpold de l'échec de leur piteuse ambassade.

Horning et Hesselschwerdt étaient déjà partis. Hoppe, le coiffeur, Mayr, le valet, Osterholzer, le cocher, menacés d'être ensuite accusés de haute trahison, donnèrent leur confiance à la délégation. Ils promirent aux ministres de leur obéir et de surveiller le roi. Les conjurés rentrèrent ventre à terre à Munich poursuivis jusqu'à la gare par les injures et les crachats des villageois chauffés à blanc par la baronne Truschsess. Elle entretenait, en brandissant son parapluie sous l'averse qui ne cessait pas, la flamme d'amour envers le roi.

Seul le dernier favori, Weber, resta encore auprès du roi.

Quant à Dürckheim, fidèle aide de camp de Louis, qui a reçu des télégrammes l'appelant désespérément auprès de son roi, il ne peut se résoudre à cette situation surréaliste. Il accourt à bride abattue jusqu'à Neuschwanstein croisant la délégation piteuse dans l'autre sens. Il convainc le roi de défendre son trône et sa liberté.

Louis adresse alors une plainte à son oncle, l'empereur d'Allemagne, Guillaume Ier. Dürckheim fait porter une dépêche au-delà de la frontière, jusqu'à l'empereur d'Autriche. Enfin il rédige avec Louis II une contre-proclamation qui accuse le prince Luitpold de haute trahison en réfutant les infamies de la proclamation du 9 juin.

25

LA SAGESSE DES « FOUS »

Le docteur von Schleiss, qui ne fait pas partie de la commission, déclarera à Vienne, le 13 juin 1886 : « Je connais le roi depuis sa naissance. Je peux affirmer qu'il n'a pas l'esprit dérangé. Le roi a ses originalités ; il est dispendieux et généreux jusqu'à l'excès, passionnément épris de constructions. Certes, mais si je considère maintenant la façon dont on le traite, je pense qu'il y aurait là de quoi devenir fou. »

Donc, Louis, qui n'est pas fou, fait publier ce document dans le *Journal de Bamberg*, aussitôt saisi dès sa sortie :

> « Moi, Louis II, roi de Bavière, je me vois obligé d'adresser à mon bien-aimé peuple et à toute la nation allemande, l'appel suivant :
> Le prince Luitpold projette, contre ma volonté, de s'élever à la régence de mon pays, et mon ci-devant ministère, ayant trompé mon peuple sur l'état de ma santé, prépare des actes de haute trahison.

Je suis aussi sain de corps et d'esprit que tout autre monarque, mais la haute trahison arrive avec tant de surprise et de rapidité qu'il ne me restera plus le temps nécessaire pour prendre les mesures utiles contre les criminels agissements du gouvernement.

Dans le cas où les desseins du prince Luitpold viendraient à se réaliser et où il réussirait contre ma volonté à s'emparer du pouvoir, je charge mes fidèles de sauvegarder mes droits par tous les moyens et en toutes circonstances. J'attends de tous mes officiers et soldats qu'ils se souviennent du serment solennel par lequel ils m'ont engagé leur foi. Qu'ils me demeurent fidèles dans ces heures difficiles et qu'ils m'aident à combattre les traîtres.

Je m'adresse aussi aux princes fédérés car j'ai pris une bonne part dans la constitution de l'Empire germanique…

LOUIS II

Roi de Bavière »

Dürckheim appelle son régiment à le rejoindre au plus vite à Neuschwanstein. Mais déjà les ordres venant des montagnes sont interceptés par Munich. Privé des troupes régulières, qui auraient d'ailleurs pu déclencher une guerre civile, Louis II renonce à se battre. Il a toujours eu horreur des batailles où les soldats laissent leur vie. Il renvoie les gendarmes, les pompiers et les fidèles montagnards qui s'empressaient autour du château. Il refuse même la fuite en Autriche que Dürckheim lui propose de couvrir avec ses hommes. Louis, épuisé d'émotions, livide, blessé à mort, ne peut se résoudre à paraître dans la ville qu'il déteste et qu'il fuit depuis si longtemps. Au cœur de sa retraite sacrée, le haut pays du cygne, une délégation grotesque est passée comme une tornade. Il suffoque encore.

Dürckheim est vertement rappelé à Munich par le ministre de la Guerre. Mis en état d'arrestation pour trahison de l'État, dès son arrivée à la gare, il passe en jugement mais est acquitté. Il n'a fait, en tant qu'officier, qu'obéir aux ordres du roi à qui il a juré fidélité.

Maintenant il faut agir. Vite. Interner Louis II sans prendre de formes. Le coup d'État se transforme en vulgaire opération de police et de psychiatrie. Un médecin, escorté de gardes et d'infirmiers, s'emparera de la personne du roi et le conduira sous bonne garde au château de Berg, plus facile d'accès que Linderhof ou Hohenschwangau, et plus près de la capitale.

Ayant tiré les leçons de cette première comédie amère, une nouvelle délégation se rend à Neuschwanstein. Gudden, Müller, son assistant, quatre infirmiers et une escorte de gendarmes. Grashey a en toute hâte fait aménager Berg en asile psychiatrique de luxe.

Louis II, voulant épargner ses derniers défenseurs, les a tous renvoyés afin qu'ils ne se compromettent pas pour lui. Trahi de toute part, abandonné, il reste seul face à ses assaillants. Et entre en agonie, en possession de ses moyens.

Il souhaite faire un tour dans les montagnes, peut-être se cacher dans un de ses chalets pour retrouver son calme. Appliquant la consigne sans dérogation, le chef de poste, à l'entrée du château, lui refuse l'autorisation de monter en voiture. Nouveau coup de grâce : Louis comprend qu'il est déjà prisonnier. Va-t-il pouvoir supporter cette mort vivante ? Endurer l'enfermement de son âme dans les murs d'un asile de fous ? Vont-ils aller jusque-là ?

Il demande au valet Mayr, acquis à Gudden, de lui procurer du poison. Ce qu'il ne peut obtenir malgré les fortes sommes d'argent qu'il propose. Comment fuir ? La brume est opaque autour du château. Quel sol étranger accepterait de l'accueillir, ruiné, banni, déchu ?

Il sait tout cela et ne s'y attarde pas.

Toute la nuit, il erre dans les grandes salles vides qui résonnent de ses pas. Hanté par les fantômes évanouis de Lohengrin, Tannhäuser, Parsifal. La salle du Trône, sans trône, est à l'image de son destin. Tout y est prêt pour la cérémonie d'investiture, mais elle n'aura jamais lieu. Ce n'est pas de cette royauté-là qu'il a rêvé. Il était le roi des ombres et des légendes. Il s'y est fracassé car elles n'existaient que dans son esprit dévoré de rêves vampiriques. Les rêves démesurés sucent le sang des humains, aspirent la moelle des os, entraînent dans des limbes effrayants. Louis leur avait tout offert avec un orgueil et une candeur fantastiques. On ne lui avait pas dit qu'un roi est aussi petit – ou aussi grand, pas plus – que n'importe quel homme. Il voulait donner même ce qu'il n'avait pas. Mais le peuple l'aimait. Le peuple, qui sait, mais ne peut rien, le laissait à sa solitude qui devenait un hideux isolement. Un isolement mortel.

Il appelle Alphonse Weber, son dernier fidèle, auprès de lui. Il lui donne tout l'argent qui lui reste et la broche en diamant qui orne son chapeau. Puis, songeant qu'on pourrait la lui retirer comme faisant partie du Trésor royal, il lui signe un chèque de vingt-cinq mille marks en dédommagement. Tout est accompli.

Il songe maintenant à se précipiter de la plus haute tour du château. Mais les domestiques prétendent que la porte de l'escalier qui y donne accès est fermée et qu'on a perdu la clé. Il insiste mais la réponse est toujours la même. Veut-on aussi lui voler sa mort ?

Alors il avoue en dernier recours : « Qu'ils me volent le trône, c'est une chose que je ne puis supporter, mais qu'ils me déclarent fou, c'est une honte à laquelle je ne puis survivre. »

Lorsque Gudden, accompagné de Müller et des infirmiers, pénètre dans le château, Mayr se précipite pour avertir que le roi exige d'avoir la clé de la tour et que si on ne la lui donne pas, il se jettera par la fenêtre. Gudden voit le parti qu'il peut tirer de ce nouveau « caprice ».

Il suffit de placer quatre infirmiers dans le fond du corridor qui mène à la tour et d'annoncer au roi qu'on a retrouvé la clé. Il se dirigera vers eux et sera fait comme un rat. Ce qui se passa.

– Prévenez Sa Majesté que la clé est retrouvée, dit-il au valet de chambre.

Les infirmiers s'embusquèrent dans le sombre corridor. En entendant son pas se rapprocher, ils virent la stature imposante du roi qui arrivait sur eux. L'éclat de son regard les foudroya. Ils lui coupaient le passage. À son mouvement de surprise, ils se jetèrent sur lui et le menèrent vers Gudden qui attendait.

Louis II était capturé. Les nains s'étaient saisis de l'ogre. Ou bien, les hommes sans honneur avaient capturé l'aigle, retiré dans ses hauteurs. Celui qui n'était pas fait pour marcher sur la terre, mais pour s'envoler dans les étoiles, en compagnie de sa « colombe ».

Gudden parle :

– Majesté, je viens d'accepter le devoir le plus triste de ma vie. Votre Majesté a été expertisée par quatre aliénistes, et, après leur verdict, le prince Luitpold a pris la régence. J'ai ordre de ramener Votre Majesté au château de Berg cette nuit même. Si Votre Majesté le désire, le carrosse partira à quatre heures.

C'est d'abord un rugissement de bête qui s'échappe des lèvres du roi. Puis il chancelle. On le rattrape. Il balbutie en se débattant :

– Qu'est-ce que tout cela veut dire ? Que me voulez-vous donc ?

Son haleine est manifestement imprégnée d'alcool. Mais tout de suite il se montre simple, digne, résigné en apparence.

Gudden présente au roi l'autre médecin, Müller. Puis il lui rappelle qu'ils se sont déjà rencontrés à l'occasion d'une audience concernant son frère Othon. Louis répond, bien que sa parole soit encombrée et presque inaudible :

– Oui, oui, je me souviens très bien. Votre fils venait, je crois, d'avoir le bras grièvement brûlé. Comment se porte mon frère Othon ? Il y a longtemps que je ne l'ai vu.

– Votre frère se porte bien. Il est assez agité mais il est bien soigné.

Et soudain Louis demande, les yeux injectés de sang, plantés dans ceux de Gudden :

– Comment pouvez-vous me déclarer fou puisque vous ne m'avez jamais examiné ?

– Majesté, cela n'est pas nécessaire. Les documents sont accablants.

Louis II ricane :

– Ceux que vous avez trouvés dans les poubelles de mes appartements ?

– Nous avons travaillé sérieusement sur les ordres de votre oncle.

– Tiens, tiens, ainsi le prince Luitpold a réussi… Il n'aurait pas dû se donner tant de mal. Il n'avait qu'un mot à dire et j'aurais renoncé au trône. Je serais parti à l'étranger.

– Pour la réputation de notre pays, vous savez Majesté que cela n'est pas possible. Vous avez besoin de subir une cure de soins appropriés.

– Et combien de temps va durer votre « cure » ?

– Majesté, la Constitution dit qu'il y a régence quand le monarque, pour une cause quelconque, est empêché d'assurer le gouvernement pendant plus d'un an. Provisoirement, cela durera donc au moins un an.

Un petit sourire se dessine sur les lèvres du roi :

– Cela ira peut-être plus vite… On pourra faire comme pour le sultan Mourad assassiné dans son palais. C'est facile de se débarrasser de quelqu'un de gênant, n'est-ce pas ?

– Majesté, mon honneur m'interdit de vous répondre.

Louis II regimbe sur le terme d'« honneur ». Son jugement est fait depuis longtemps. Il se tourne vers le docteur Müller comme s'il reprenait ses esprits :

– Vous vous nommez Müller. Êtes-vous frère de l'ancien secrétaire de cabinet ?

– Non, Votre Majesté.

– Vous lui ressemblez beaucoup. (Louis est myope et ne voit rien.) Vous êtes médecin chez mon frère, à Furstenried, depuis combien de temps ?

– Depuis le 1er décembre 1884, Votre Majesté.

– Vous m'avez adressé des rapports sur l'état de mon frère. Je les ai tous lus. Vous avez une très belle écriture. Votre style est concis et bref. Où êtes-vous né ?

– À Wurzburg, Votre Majesté.

Louis II, selon son habitude, pose ensuite toutes ces questions aux infirmiers présents tandis qu'on tente de le faire se diriger vers la voiture qui l'attend devant le portail du château. Là-dessus le roi brise la conversation et demande à rester seul. Deux infirmiers restent auprès de lui. On lui apprend qu'ils ne le quitteront pas. Louis entre à nouveau dans une grande colère puis il se calme et se soumet aux décisions qu'on lui présente.

Quelques heures plus tard, il monte dans la voiture qui doit le conduire au château de Berg. Un cavalier se tient à chaque portière. Les poignées ont été enlevées. Le roi est enfermé. Il salue la foule qui assiste à son départ avec un sourire de résignation. En approchant du lac de Starnberg, il se découvre pour répondre aux cris du peuple attroupé aux abords du château. Au dernier relais – le voyage a duré huit heures –, il boit un grand gobelet d'eau de source. On dit que l'aubergiste conserve ce verre comme une relique.

Affable et mystérieux dans ses virées alpestres, cet ennemi de la ville a conquis le cœur des Tyroliens. Ils voient sa capture comme un crime de lèse-majesté qui les scandalise. Beaucoup ont travaillé dans ses châteaux, l'ont fréquenté des années durant. Il leur a permis de vivre. Déjà ces constructions fantastiques attirent les touristes. Le peuple lui a donné sa confiance. Les bruits qui ont couru à une époque sur les fêtes données dans la montagne ne l'ont pas détourné de lui. Il se montrait toujours si généreux. Presque tous les foyers ont un souvenir de lui. On a retenu les témoignages à charge, mais d'autres sont beaucoup plus nuancés.

Wilhelm Rutz, ancien valet de chambre de Louis II, déclarera : « Le roi tenait beaucoup à la propreté. Pendant qu'il prenait son bain, on mettait en ordre et on aérait la chambre à coucher. On préparait ses vêtements du jour. Une gouvernante faisait le lit en mettant de nouveaux draps et de nouveaux oreillers sur lesquels était brodée une couronne. Le roi consacrait son temps à la lecture. La moitié des ouvrages étaient en langue française. Il mangeait beaucoup de chaque plat. On lui servait de très bons vins rouges et blancs, des liqueurs, du champagne. La solitude, la fuite des hommes, le silence permanent, avaient rendu le roi malade, mais sa maladie était psychique et non mentale. Il savait très bien ce qu'il voulait et ce qu'il faisait. Sa mémoire était étonnante et il tenait dans son existence un ordre parfait. Dans ses rapports exigeants avec ses domestiques, il faisait preuve de bonté et d'attention. »

Ce témoignage et bien d'autres, émanant de personnages aux charges simples, laissent perplexe sur la certitude avec laquelle les médecins l'ont condamné. On comprend qu'ils aient eu des raisons politiques, mais Louis II avait souvent dit qu'une fois son Unique ami disparu, il ne vivrait plus longtemps. Wagner, mort en 1883, on est en 1886. Louis avait déjà pris sa décision. On s'agitait scandaleusement autour de lui. On assassinait un mort à grands coups de sentences inutiles.

26

RETOUR À BERG

Les voitures qui emportent le roi arrivent à Berg sans encombre. Il ne cesse de poser des questions aux deux infirmiers qui sont dans la même voiture que lui. Gudden et Müller sont prudemment montés dans l'autre.

Louis se retrouve en prison chez lui. Dans le château de son enfance. Là où il a reçu maintes fois sa cousine Élisabeth d'Autriche, la colombe ; son éphémère fiancée, Sophie, qui venait jouer du piano et lui chanter les airs d'Elsa ; là où il a passé des heures exaltées en compagnie de Wagner. Les murs et les meubles sont couverts de cygnes et d'illustration wagnérienne. Le grand piano du salon est toujours couvert d'un crêpe noir. Mais Louis est relégué dans une chambre dont on a enlevé la serrure intérieure, et dont la porte est découpée d'un judas qui permet de le surveiller jour et nuit. Comme cette ouverture porte bien son nom ! Les sbires épient goulûment sa déchéance. Que fait le monstre ? Est-il toujours vivant ? Est-il calme ou agité ? Est-ce qu'il parle tout seul comme un dément ?

Il y a également le petit salon attenant qui lui sert de garde-robe. Louis s'agace de ces mesures humiliantes qui l'enfoncent plus que jamais dans une détermination irréductible. Il leur échappera, dût-il se pendre. Il n'a plus ni son coiffeur Hoppe, ni son valet Welker, ni Weber son dernier ami, il n'y a plus que des infirmiers inconnus qui ont pour mission de le conserver en l'état. Mort vivant. Les fenêtres sont grillagées, les couteaux lui sont interdits. On l'oblige à se coucher en chemise, en lui prenant ses vêtements, lui qui se lève à deux heures du matin pour visiter la nuit et ses mystères… On appelle le docteur Müller, qui fait l'étonné. Il accorde généreusement une paire de bas. Le roi a froid. Le matin Louis II demande son coiffeur Hoppe et son valet Welker. Ils ont disparu. Les infirmiers les remplacent.

Le baron Washington a été nommé gouverneur du château. Il représente l'autorité du gouvernement, délégué par le prince Luitpold.

Gudden, satisfait de l'opération, fume un énorme cigare, confortablement installé devant la cheminée du vaste salon d'en bas où brûle un feu crépitant dans la cheminée. Il est en conversation avec son gendre Grashey qui a transformé une partie des appartements en maison de réclusion. Il se félicite du résultat. Le fou est sous contrôle. Il ne faut pas le lâcher d'une semelle. Washington qui est présent, demande au docteur Gudden son avis sur la façon de traiter le roi. C'est simple, il faut lui administrer des calmants pour éviter tout état d'excitation. Car alors il devient dangereux, veut se suicider, a des accès de colère furibonde, et, du fait de sa corpulence, peut s'en prendre violemment à ses gardiens. Il faut donc lui interdire les alcools forts et toute sorte d'alcools d'ailleurs. Le surveiller en permanence, l'obliger à dormir la nuit, pour retrouver un rythme de vie équilibré. Et lui faire faire des promenades en compagnie de gendarmes ou d'infirmiers armés.

On a déjà compris que le docteur Gudden a tout faux. Louis II vit la nuit. Il se lève à deux heures du matin ou ne se couche pas du tout. Il boit et mange chaque jour, des quantités de nourriture et de boissons gargantuesques. L'isolement le tue, mais la solitude lui est vitale. Depuis son arrivée à Berg, il a déjà demandé cent fois : « Je veux qu'on me laisse seul », « Pourquoi restez-vous donc là, allez-vous-en, je voudrais être seul et me reposer », et encore : « Mais pourquoi ne sortez-vous pas de cette chambre ? Je voudrais être seul. C'est vraiment trop désagréable. » « Je ne peux être tranquille avec vous à me regarder. Qui me dit que vous n'allez pas me tuer quand je serai endormi ? » « Je ne prendrai pas ces potions, elles sont peut-être empoisonnées. Laissez-moi seul, entendez-vous ? Et cessez de m'observer ainsi, c'est parfaitement déplacé. »

Car, bien sûr – on le serait à moins –, Louis est persuadé qu'on veut le supprimer. Or, s'il entend bien que la mort l'appelle, il ne sait pas encore comment il va pouvoir lui répondre. Vu la façon dont il est cerné de toute part. Mais une chose est sûre : il va leur échapper. Le projet est inscrit dans son esprit en lettres de feu. Qu'ils l'humilient, qu'ils dégradent son honneur, qu'ils défigurent son rêve, ils n'auront pas son âme ! Elle va s'envoler devant leurs yeux ébahis.

Soyons calme, laissons tomber la révolte, gardons nos forces, se répète Louis. Un projet se forme peu à peu, adapté à ce qui lui est encore possible. Les promenades…

Le jeune docteur Müller s'est offert le plaisir d'interviewer le roi. Après coup !

« Je passais plus de trois quarts d'heure avec le roi, raconte-t-il dans ses mémoires, et je dois avouer franchement que je fus plus interrogé par lui, que pendant mes examens de médecine. Si je n'avais pas déjà été convaincu de la maladie du roi par les récits de Gudden et par le comportement du roi à Schwanstein, j'aurais eu l'occasion de poser mon diagnostic. »

Mon Dieu, que de prudence cauteleuse, dans ces mots qui cachent à peine le remords de n'avoir pas dit la vérité. Il semble que les questions de Louis aient été très érudites, puisqu'il les compare à celles qu'on lui a posées dans ses études de médecine. Il dit qu'il a été « convaincu » par les « récits » de Gudden. Et s'il n'a pas eu l'occasion de poser « son diagnostic », c'est que celui-ci devait être bien différent.

Peu importe, le drame est en place.

Gudden télégraphie à Munich : « Ici tout va merveilleusement bien, au-delà de toute expression. » Laissons-le rêver. Louis adopte un ton soumis d'enfant puni avec ses gardiens. Toute velléité de révolte semble avoir disparu. Müller reste sceptique. Gudden le traite de pessimiste. Il n'y a pas lieu de s'inquiéter, le roi accepte ses nouvelles conditions de vie avec sagesse, il en est sûr. Il le considère maintenant comme simplement atteint de manies devenues inoffensives.

Pendant la promenade du samedi 12 juin, il converse avec lui sous les regards attentifs d'un infirmier armé. Louis fait part poliment au docteur du désagrément qu'il ressent à être ainsi sous la garde d'un homme prêt à tirer. Il demande à Gudden si cet homme a l'ordre de le tuer lorsqu'ils seront éloignés du château. Gudden sursaute. S'il est un psychiatre qu'on a chargé d'une mission délicate, il n'est pas un assassin. Mais Louis insiste : « Pourquoi cet homme armé qui me rend nerveux ? C'est tout à fait inutile. Que voulez-vous qu'il arrive ? Je croyais que vous aviez desserré les mesures trop oppressantes dans les soins apportés à mon frère Othon ? Vous ne voudriez pas les imposer à celui qui fut votre roi pendant vingt ans, n'est-ce pas ? »

Ainsi Louis parle, démontre, convainc de son innocuité. Gudden se sent touché. D'une part, il ne veut en aucun cas s'affronter avec Louis, et ressent d'autre part, une certaine culpabilité de ce que l'on inflige au souverain de son pays. La fonction royale conserve une aura qui ne s'évanouit pas en vingt-quatre heures. Surtout en présence du roi.

La prochaine promenade, il s'y engage, se fera sans infirmiers à leur suite. Louis le remercie les larmes aux yeux. Gudden ne sait pas quel sésame il vient de lui donner. Quand a-t-il été dans le juste ? En traitant Louis II comme un fou dangereux ou en revenant sur son premier jugement ? Lui-même ne saurait le dire.

Le temps est maussade. La promenade s'achève calmement. À part quelques hennissements de chevaux, le silence règne aux abords du lac et sous les arbres agités par le vent. Louis II regagne sa prison pour ce qu'il espère être sa dernière nuit sur terre. L'œil éteint, son grand corps sans énergie, il va tourner en rond dans sa chambre comme un fauve en cage. Une chambre presque vide et un petit salon, voilà ce qui lui reste, lui qui ne rêvait que galerie des glaces et escaliers monumentaux. Et surtout, pas un moment de solitude. Les infirmiers le surveillent sans cesse, embusqués dans un minuscule réduit attenant, l'œil collé à l'ouverture pratiquée dans la porte. « Mais on ne peut même pas se laver », a-t-il protesté en entrant. On doit lui mesurer le vin, lui couper sa viande. À chaque remarque qu'il fait, il entend le même refrain, éternellement ressassé : « Tels sont les ordres, Majesté. »

Le lendemain, 13 juin, jour de Pentecôte, Louis qui n'a pas dormi, demande à entendre la messe. C'est trop compliqué au point de vue sécurité. On lui refuse l'autorisation. Ce jour-là, épuisé, il dort quelques heures dans sa chambre, toujours surveillé par ses gardiens. Puis l'infirmier Mauder lui annonce que le déjeuner est servi.

« À quatre et demi précises je servais le repas et Sa Majesté se mit à table. Sa Majesté mangea beaucoup, but de la bière, du vin doux, du vin du Rhin, et deux verres de schnaps. »

Ce qui n'est rien par rapport à l'habitude, Louis passant chaque jour plusieurs heures à table, engloutissant des sommes énormes de nourriture.

Malgré la pluie qui ne cesse de tomber depuis le matin, Louis II demande ensuite à faire la promenade convenue avec le docteur Gudden. Sans escorte. Müller ordonne à l'infirmier Schneller de suivre Gudden et le roi. Pourtant Gudden a averti le baron Washington qu'il irait seul avec le roi que les infirmiers rendent nerveux.

Lorsque le docteur et son patient se dirigent vers la sortie du château, Gudden se retourne impérieux et dit : Personne ne vient avec nous.

Müller ne peut aller contre son supérieur mais il désapprouve totalement l'initiative. Les deux hommes, armés chacun d'un parapluie, s'engagent dans l'allée qui conduit aux berges du lac de Starnberg. Lac sur lequel Louis s'est si souvent promené sur son yacht, le *Tristan*. Gudden, malgré son haut-de-forme, semble tout petit à côté du géant de cent vingt kilos qui marche en avant, enveloppé d'un long manteau noir, et coiffé d'un chapeau à larges bords relevés sur les côtés. Ils disparaissent sous les arbres. La promenade doit durer une heure. Il est six heures du soir.

À huit heures, par cette soirée d'orage, la nuit commence à tomber. Les promeneurs ne réapparaissent pas et l'inquiétude monte au château. Le baron Washington commence à imaginer de sombres choses. Dans le pavillon des Chevaliers, la table est mise pour les officiels. Müller, qui a vécu la terreur à Neuschwanstein trois jours auparavant, croit le roi capable des pires réactions. Ne devaient-ils pas rester enfermés dans les oubliettes et mourir de faim et de soif ? Comment cet ogre tremblant de colère, lorsque les infirmiers s'en sont emparés au pied de la tour, serait-il soudainement devenu un agneau ? Washington, délégué par le prince Luitpold, craint le suicide ou la fuite dont on le rendrait responsable. Est-ce que les derniers fidèles n'ont pas organisé une évasion du prisonnier ?

Il envoie toute une troupe, gendarmes, infirmiers, valets, cochers, armés de torches, à la recherche des disparus. On fouille le jardin, le château, les écuries. Washington voit déjà le roi à la tête d'une rébellion sanglante à Munich. Il télégraphie en tous sens, aux ministres, au régent, au directeur de la police. Neuf heures sonnent. Les recherches n'ont rien donné. Tout le monde rentre bredouille, trempé de pluie, aveuglé, désorienté. On n'a rien trouvé. Müller assène, tragique : « Pour moi, ils sont morts tous les deux. »

Alors, on abandonne les recherches dans le parc. Les hommes s'arment de lanternes puissantes et se dirigent vers les eaux du lac, noir et silencieux sous la pluie. En s'approchant des rives boueuses, vers dix heures et demie, un domestique trouve le chapeau du roi traînant par terre. Il pousse des hurlements pour qu'on le rejoigne. Un peu plus loin c'est le haut-de-forme qui gît renversé dans la boue. Et puis le manteau du roi et un parapluie fermé. Vite on réquisitionne une barque. Müller monte à bord avec un valet qui rame à l'aveuglette. Le bois touche un obstacle, l'homme saute dans l'eau qui lui arrive à la poitrine et reçoit dans ses bras le cadavre du roi qui flotte, en chemise. À quelques mètres, dans la masse noire des eaux piquées de pluie, le corps de Gudden. Les recherches sont terminées. Müller avait vu juste. Louis leur a faussé compagnie comme il le craignait. On porte les deux cadavres sur la rive. Il n'y a plus rien à faire. Ils sont morts depuis plusieurs heures. Dix heures trente sonnent au clocher, la montre de Louis s'est arrêtée à 6 heures 54. Müller par acquit de conscience ordonne qu'on tente les massages cardiaques et la respiration artificielle, mais c'est trop tard. Les visages penchés sur les corps trahissent la peine d'efforts inutiles, sous la lumière des torches qui rendent cette scène encore plus cauchemardesque. À onze heures, Müller se tourne vers le baron Washington et déclare d'une voix forte et tragique :

« Monsieur le colonel, je constate la mort de Sa Majesté le roi de Bavière et du docteur von Gudden. Toute tentative pour les ranimer est restée vaine. »

27

L'ADIEU AU CYGNE

Dans cette nuit d'orage, les lanternes éclairent deux corps allongés dans l'herbe. La consternation est totale. La face du roi est intacte et durcie, celle du docteur, renfrognée. Le front du vieil homme porte des ecchymoses et de longues égratignures le long du nez. Müller et Washington n'ont rien remarqué d'autre, à part l'ongle de son majeur droit qui est brisé.

On porte les deux cadavres dans les chambres d'angle au premier étage du château. Ils sont exposés nus sous un drapeau pour l'autopsie. Mais le prince Philippe d'Eulenburg, secrétaire de la légation de Prusse à Munich, qui se trouvait sur l'autre rive du lac, alerté par les lueurs inhabituelles qui ont éclairé cette nuit obscure, se rend de l'autre côté. Il raconte :

« Je n'oublierai jamais l'impression que je ressentis en traversant seul, avec mon rameur, le lac, dans le brouillard matinal. Le calme de la mort s'étendait sur le château de Berg. Les laquais se tenaient dans les couloirs, pâles comme des cadavres pétrifiés, incapables de prononcer une parole. Je me dirigeais le cœur battant, vers la chambre où l'on venait d'installer le corps du roi. Il avait un sourire étrange sur ses lèvres pâles. Ses boucles noires retombaient sur son front. Je n'obtins à peine de réponses à mes questions épouvantées. Je devais moi-même trouver l'explication des événements. Dans la pièce voisine le docteur Gudden avait une expression farouche sur son visage. J'ai vu la cicatrice sur son front, les marques terribles de la strangulation sur son cou épais. Le roi l'avait étranglé parce qu'il voulait l'empêcher de se suicider. J'ai vu ensuite à la lumière du jour, les traces de la lutte sur la rive boueuse du lac. J'ai vu les empreintes des pas du roi dans l'eau peu profonde. »

Que s'est-il passé ? Ce que toutes les interprétations politiques, fantaisistes, diaboliques, ne pourront jamais démentir formellement. Sans aucun témoin pour rapporter les détails de la scène, on devine que le roi parvenu aux abords du rivage où il a insensiblement guidé son compagnon qui ne connaît pas les lieux aussi bien que lui, s'est engagé sur le pré qui descend en pente douce vers le lac, et a tenté de se jeter à l'eau. Le docteur Gudden a voulu l'en empêcher. Les deux hommes se sont battus. Louis a évidemment eu le dessus. Aveuglé par le désespoir et la fureur, il a étranglé l'homme qui voulait le sauver malgré lui, puis, épuisé, à bout de forces, dans l'eau glacée, il est mort d'apoplexie en voulant s'éloigner vers le large. L'autopsie en effet ne parle pas de noyade. Le niveau d'eau où le grand corps était à la dérive, ramené par le courant, n'était pas suffisant. Il n'y avait qu'un peu plus d'un mètre de fond. Et puis les jours précédents, où l'insomnie, l'angoisse et les émotions l'avaient affaibli, ne lui laissaient pas la force de surmonter cette épreuve. On retrouva les traces de pas et de lutte dans la boue piétinée. Le suicide ne pouvait être attesté. Ce qui arrangeait bien la Bavière catholique.

Le docteur Grashey, gendre de Gudden, donna son interprétation de l'événement :

« J'imagine que l'idée de fuir ne vint au roi qu'au cours de la promenade, voire au moment où Gudden proposa de retourner au château. Le roi protesta alors contre le retour et demanda peut-être à Gudden de le libérer et de le sauver. Le roi, en proie à une excitation extrême, ne pensait pas à s'évader mais à se suicider. »

La régence de Luitpold resta longtemps troublée par le parfum de mystère qui continuait à entourer la destitution et la mort de Louis II. Une vague de haine monta dès lors vers le prince Luitpold de Wittelsbach, qu'on rendait responsable de la fin tragique du roi bien-aimé. Lui ne serait jamais roi. Le titre restant attaché à la personne d'Othon, le souverain vraiment fou de Bavière, qui mourut dans son asile en 1916.

Luitpold d'ailleurs ne se pressait pas de réagir à la mort de son neveu comme si ce n'était pas une surprise pour lui. Plutôt un soulagement. Aucun message ne parvenait de Munich, ni des ministres, ni de la famille. En apprenant la nouvelle de la mort du roi, il y eut des mouvements violents d'hostilité dans les rues envers Luitpold. Il les réprima sans état d'âme. Il demanda que les médecins et les juristes certifient, après autopsie, la « folie » de Louis, pour couper court aux accusations qui se levaient dans le pays. On autopsia son cerveau sous toutes les coutures, on le soupesa, on le mesura, on le compara avec les cerveaux étalons, et on en déduisit qu'il était au moins trois ou quatre fois fou. À la Chambre ce fut le ministre von Lutz qui se chargea de lire le rapport prouvant que le roi auquel il devait son ascension politique, était un vrai dément. La Chambre s'empressa de ratifier la Régence.

Au château de Berg, Louis II, nu sous son linceul de soie bleue, ne recevrait ce jour-là, que le grand bouquet de jasmin envoyé par sa cousine Élisabeth. Celle-ci non plus n'était pas surprise, elle savait que la mort rôdait autour des Wittelsbach dans cette fin de siècle qui était la fin d'un monde. Et ce monde ne voulait pas d'eux. En apprenant la fin tragique de Louis, elle fut terrassée de chagrin, mais cette mort lui semblait dans l'ordre et elle ne se révolta pas. Ils avaient réussi à capturer l'aigle enfui dans ses montagnes. Elle lut la cruauté des hommes envers ceux qui sortent des dimensions communes à tous. Et pourtant ce sont souvent eux qui repoussent les frontières de l'humaine condition. Parfois au prix de leur vie.

Un diplomate prussien envoyé d'urgence par Bismarck, sur la dépouille de Louis, témoigna de façon très émue :

« Je regardais attentivement le mort. Les cheveux noirs encadraient dans un grand désordre le front blanc. La mort avait arrangé la figure bouffie du roi, qui rayonnait à nouveau de toute la beauté de ses nobles traits. Seul un sourire qui me sembla bizarre, inquiétant, étrange, illuminait sa bouche. Un sourire qu'on aurait pu qualifier de fou. Sur son corps je ne vis aucune plaie. »

Une fois sa dépouille disséquée sous toutes les coutures, le roi reçut plus d'honneurs, mort, qu'il n'en avait jamais eu, vivant. Ses funérailles furent grandioses. Des montagnes de fleurs et de couronnes s'amoncelèrent sur son cercueil. Il en venait de tous les pays d'Europe, d'Amérique aussi. Son image de jeune roi magnifique, du temps où il ne refusait pas de se montrer, montait au ciel des légendes. Il redevenait le prince charmant, amoureux du rêve, régnant sur ses châteaux fantastiques, ayant à ses pieds le grand compositeur Richard Wagner qui était maintenant un dieu de l'opéra. C'était lui, le jeune souverain gracieux qui l'avait protégé, encouragé, financé, au grand scandale des Munichois qui, aujourd'hui pourtant, en tiraient une immense fierté.

Le 15 juin, le cortège funèbre arriva à Munich et l'on déposa le cercueil dans la chapelle de la Residenz. Trois jours durant défilèrent d'innombrables groupes de paysans et de montagnards, venus rendre hommage au roi défunt en tenue nationale. Ils étaient descendus des alpages pour un dernier adieu à celui qu'ils révéraient.

Le 19 juin 1886 la cérémonie de l'enterrement eut lieu dans la cathédrale Saint-Michel de Munich. On avait revêtu Louis II de la tenue de velours noir du grand maître de Saint-Hubert, enveloppé dans un manteau d'hermine. On avait placé dans sa main gauche l'épée de l'Ordre. Dans sa main droite, le jasmin de Sissi. L'immense dais noir qui couvrait le catafalque, était entouré des chevaliers de Saint-Georges, en grand uniforme rouge et casque prussien, armés de hallebardes. Tous ces uniformes chamarrés de décorations qui emplissaient la cathédrale donnaient à la cérémonie un air majestueux et théâtral que n'aurait pas renié le pauvre roi. On déposa son cœur dans une urne en or dans la crypte de la chapelle d'Altötting.

C'est là qu'Élisabeth, qui n'a pas assisté aux obsèques officielles, ira se recueillir dans une dernière entrevue secrète avec ce cousin qui l'aimait. De loin ; comme il savait aimer les femmes.

La littérature de nombreux pays allait s'emparer du héros. En France, Apollinaire, Verlaine, Rimbaud recueillent la figure du roi-vierge, en chevalier au cygne, et lui font l'honneur de leurs vers.

« Un jour le roi dans l'eau d'argent
Se noya puis la bouche ouverte
Il s'en revint en surnageant
Sur la rive dormir inerte
Face tournée au ciel changeant »
Apollinaire – *La Chanson du Mal-aimé*

Les symbolistes l'exaltent, les psychiatres l'étudient. Il incarne l'idéal romantique tel que le chantait Novalis : l'amour impossible, le culte de la beauté, l'horreur de la bourgeoisie et de la guerre, tout ce sur quoi il s'entendait à merveille avec sa cousine Sissi, qu'il accueillait dans l'île aux Roses en l'éblouissant de feux d'artifice.

Pour Maurice Barrès, Louis II représente « le caractère d'une des plus nobles familles humaines, celle des hommes libres qui vivent selon leur cœur ». Pour d'Annunzio, « ce Wittelsbach m'attire par l'immensité de son orgueil… Il n'est entré en communion durant des années qu'avec les splendides héros qu'un créateur de beauté lui a donnés pour compagnon dans les régions supraterrestres. Par cet amour infini de la solitude, par cette faculté de pouvoir respirer sur les cimes les plus hautes et les plus désertes, par cette conscience d'être unique et intangible dans sa vie, Louis II de Bavière est vraiment un Roi, mais le roi de lui-même et de son rêve ».

On lit dans la presse, le 24 juin 1886, un article qui dit : « Ce souverain a été en fait victime d'une question d'argent. Autrefois un monarque se serait débarrassé de ses créanciers en les faisant pendre (!). Ainsi par la crainte du déshonneur, on peut pousser quelqu'un au suicide. La seule royauté c'est celle de l'argent, la plus inhumaine et la plus stupide de toutes ! »

On dit que, au cours de la messe d'enterrement, alors que la cérémonie s'achevait et que les cantiques emplissaient la nef, de gros nuages noirs s'amoncelèrent au-dessus de la ville. Le cortège funèbre venait à peine de disparaître, les troupes se dispersaient, quand un éclair de feu zébra le ciel et tomba sur l'église Saint-Michel sous les yeux de la foule en émoi. Le ciel grondait-il sur l'injustice faite au roi ? Certains le crurent en toute candeur.

À l'endroit où fut retrouvé le corps de Louis II, dans les eaux du lac, on éleva une croix commémorative, fleurie régulièrement par les admirateurs inconditionnels du roi. Sur l'immensité du lac, elle se dresse, les soirs de lune, comme un éternel reproche qu'on peut saisir enfoui dans le murmure des eaux.

On construisit dans le parc du château de Berg, une chapelle votive qui domine le lac de Starnberg, et qui fut bénie le 13 juin 1900. Elle reçoit 80 000 visiteurs par an. Quant à la reine Marie, la mère de Louis, elle avait fait ériger, bien avant la chapelle, une petite colonne torsadée, dorée et ciselée, surmontée d'un Christ, en souvenir de son fils disparu.

Pauvre mère ayant enfanté un fils qui se prenait pour le Cygne de Lohengrin.

À Saorge, juillet 2011

LOUIS II DE BAVIÈRE ET SES CHÂTEAUX FABULEUX EN IMAGES

1. Louis II en 1863.

2. Louis II en 1885.

5. L'impératrice Élisabeth d'Autriche, Sissi.

Page de gauche :
3. Le roi Maximilien II, son épouse Marie et ses fils : Louis et Othon, vers 1860.
4. La photo officielle des fiançailles de Louis II avec sa cousine Sophie de Wittelsbach, 1867.

6. Le temple du Graal, décor pour la première de *Parsifal*, à Bayreuth, 1882.

7. Richard Wagner photographié par Franz Hanfstaengl, 1871.

Page de droite :
8. Wagner et sa femme, Cosima, 1872.

Page de droite :
10. Louis II et Josef Kainz,
à Lucerne, 1881.

9. Richard Horning.

11. La construction du château de Neuschwanstein, 1875.

12. La salle des Maîtres chanteurs, château de Neuschwanstein.

13. *Promenade en barque de Louis II dans la Grotte de Vénus du château de Linderhof*, gravure sur bois, d'après un dessin de Robert Assmus, 1886.

Page de droite :
14. Vue du château de Linderhof.

15. Le salon des Gobelins, château de Linderhof.

16. Gravure du château de Herrenchiemsee.

17. La salle du Conseil, château de Herrenchiemsee, avec le bureau et le portrait de Louis XIV en tenue d'apparat.

Page de droite :
18. *Portrait de Louis II en tenue de grand maître de l'ordre des Chevaliers de Saint Georges*, par Gabriel Schachinger, 1887.

19. Le docteur Gudden, 1886.

20. Au bord du lac de Starnberg, le château de Berg, dernière résidence de Louis II.

CRÉDITS PHOTOGRAPHIQUES

Images 1, 6, 7, 11, 13, 14, 16, 18, 19 et 20 © akg-images ; images 3, 12, 15 et 17 © akg-images/Jérôme da Cunha ; images 2 et 9 D.R. ; images 4, 5 et 10 © Roger-Viollet ; 8 © Imagno/Roger-Viollet.

BIBLIOGRAPHIE SÉLECTIVE

Guide des opéras de Wagner, Michel Pazdro, Fayard, 1988

Les châteaux magiques de Louis II de Bavière, J. Mercanton et P. Stritani, La Guilde du Livre, 1963

Louis II, le roi romantique, Constantin de Grunwald, éditions Hermès/Pierre Waleffe, 1967

À Bayreuth avec Richard Wagner, Jean Mistler, Hachette, 1960

Tristan et Isold, Richard Wagner (traduction Jean Matter), éditions L'Âge d'Homme, 1977

Tannhäuser, Richard Wagner (traduction Georges Pucher), L'Avant-Scène Opéra, 1984

Élisabeth d'Autriche, Brigitte Hamann, Fayard, 1985

Histoire de la Bavière, Henry Bogdan, Perrin, 2007

Louis II de Bavière et ses psychiatres, Paul Rauchs, L'Harmattan, 1997

L'Enchanteur et le Roi des Ombres, correspondance Richard Wagner - Louis II de Bavière présentée par Blandine Ollivier, Librairie Académique Perrin, 1976

Louis II de Bavière, Hamlet-Roi, Guy de Pourtalès, éditions L'Âge d'Homme, 1994

Louis II de Bavière, Jacques Bainville, éditions Jules Tallandier, 1927

Carnets secrets de Louis II de Bavière commentés par Siegfried Obermeier, éditions Nymphenburger (traduction Jean-Marie Argelès), Grasset, 1987

Louis II de Bavière, de la réalité à l'idéalisation romantique, Jean Adès, éditions Geigy, 1984

Le roman de Sissi, Élisabeth Reynaud, Éditions du Rocher, 2011

Les châteaux fous de Louis II de Bavière, photos de Jérôme Da Cunha, texte de Jean des Cars, Perrin, 1992

Histoire de l'Allemagne, Pierre Gaxotte, Flammarion, 1963

La dame blanche des Habsbourg, Paul Morand, Robert Laffont, 1963

Élisabeth, impératrice d'Autriche, Maurice Paléologue, éditions La Palatine, 1958

Louis II de Bavière, légende et vérité, Aldo Oberdorfer (traduction Albert Falcionelli), Payot, 1983

Louis II de Bavière, Pierre Combescot, Édition Spéciale, 1972

Les châteaux de Louis II de Bavière, Joseph Joubert, éditions Grassin, 1912

Les secrets d'une maison royale, comtesse Wallersee-Wittelsbach, Payot, 1935

Cet ouvrage a été composé par
IGS-CP à L'Isle-d'Espagnac
et achevé d'imprimer par
l'imprimerie France Quercy à Mercuès
Dépôt légal : janvier 2012
N° d'édition : 1124/01
N° d'imprimeur : 11602/
Imprimé en France

Château de Neuschwanstein © akg-images/Hilbich.

Linderhof, kiosque mauresque, le trône des paons © akg-images/Jérôme da Cunha.